FIRST EDITION - Published 2022

Extra Graphic Material From: www.freepik.com
Thanks to: Alekksall, Starline, Pch.vector, Rawpixel.com, Vectorpocket, Dgim-studio, Upklyak, Macrovector, Stockgiu, Pikisuperstar & Freepik.com Designers

This Book Comes With Free Bonus Puzzles
Available Here:

BestActivityBooks.com/WSBONUS20

5 TIPS TO START!

1) HOW TO SOLVE

The Puzzles are in a Classic Format:

- Words are hidden without breaks (no spaces, dashes, ...)
- Orientation: Forward & Backward, Up & Down or in Diagonal (can be in both directions)
- Words can overlap or cross each other

2) ACTIVE LEARNING

To encourage learning actively, a space is provided next to each word to write down the translation. The **DICTIONARY** allows you to verify and expand your knowledge. You can look up and write down each translation, find the words in the Puzzle then add them to your vocabulary!

3) TAG YOUR WORDS

Have you tried using a tag system? For example, you could mark the words which have been difficult to find with a cross, the ones you loved with a star, new words with a triangle, rare words with a diamond and so on...

4) ORGANIZE YOUR LEARNING

We also offer a convenient **NOTEBOOK** at the end of this edition. Whether on vacation, travelling or at home, you can easily organize your new knowledge without needing a second notebook!

5) FINISHED?

Go to the bonus section: **MONSTER CHALLENGE** to find a free game offered at the end of this edition!

Want more fun and learning activities? It's **Fast and Simple!**
An entire Game Book Collection just **one click away!**

Find your next challenge at:

BestActivityBooks.com/MyNextWordSearch

Ready, Set... Go!

Did you know there are around 7,000 different languages in the world? Words are precious.

We love languages and have been working hard to make the highest quality books for you. Our ingredients?

A selection of indispensable learning themes, three big slices of fun, then we add a spoonful of difficult words and a pinch of rare ones. We serve them up with care and a maximum of delight so you can solve the best word games and have fun learning!

Your feedback is essential. You can be an active participant in the success of this book by leaving us a review. Tell us what you liked most in this edition!

Here is a short link which will take you to your order page.

BestBooksActivity.com/Review50

Thanks for your help and enjoy the Game!

Linguas Classics Team

1 - Antiques

```
S C U L P T U R E P R C Y F F Z
I B B C O J B I J O U X I R P L
X O K O S Y U U V Q U A L I T É
A U T H E N T I Q U E L Y T S C
Z G Z C U V D D N E V S I X I O
Y P I I H F I T A R O C É D L N
N B N M C N V E J T É Z X C H D
G S S E C È I P U C L U P O V I
V P E L C È I S Y X É J K I A T
Q P R G A L E R I E G M B J R I
X U È N O I T A R U A T S E R O
I N H A B I T U E L N F R V W N
C T C M E U B L E S T A L L W R
K Y N Q G D N R S Q R U E L A V
R S E Q O A N M O D A U F B T F
M I K N Q C K D É C E N N I E S
```

ART
ENCHÈRES
AUTHENTIQUE
SIÈCLE
PIÈCES
CONDITION
DÉCENNIES
DÉCORATIF
ÉLÉGANT
MEUBLES

GALERIE
BIJOUX
VIEUX
PRIX
QUALITÉ
RESTAURATION
SCULPTURE
STYLE
INHABITUEL
VALEUR

2 - Food #1

```
F  R  A  I  S  E  G  R  O  Y  K  B  U  J  M  B
T  U  Y  T  O  U  P  A  H  D  H  D  L  U  Y  B
B  H  D  O  H  T  X  J  R  D  X  S  D  S  B  R
B  M  M  J  B  E  A  I  L  A  G  V  R  U  A  F
N  V  R  L  R  L  Y  X  K  I  C  O  O  D  A  O
T  J  N  O  L  L  W  K  D  X  N  H  I  T  A  C
C  J  O  Z  D  E  T  H  O  N  S  B  I  F  K  C
S  J  G  U  S  N  B  A  S  I  L  I  C  D  W  I
S  U  C  R  E  N  O  N  G  I  O  N  W  R  E  T
R  U  X  N  Y  A  W  Y  Z  V  A  A  K  A  T  R
Y  Z  V  C  F  C  B  U  T  C  X  V  A  N  T  O
I  A  D  Z  X  T  S  R  V  H  B  E  O  I  O  N
H  M  P  E  F  V  E  C  I  S  U  T  B  P  R  X
J  P  O  I  R  E  Q  S  U  C  E  Z  R  É  A  Y
S  O  U  P  E  F  P  O  X  W  O  L  Q  U  C  H
S  A  L  A  D  E  G  K  H  P  M  T  I  A  L  D
```

ABRICOT	ARACHIDE
ORGE	POIRE
BASILIC	SALADE
CAROTTE	SEL
CANNELLE	SOUPE
AIL	ÉPINARD
JUS	FRAISE
CITRON	SUCRE
LAIT	THON
OIGNON	NAVET

3 - Measurements

```
H G D E G R É Y C B C D R J S T
A R C Y Q R Z K E O T S V T D G
U A V O L U M E R T È M O L I K
T M L D A E X C T M J Y E I O I
E M A R M U W N E U N U O L P P
U E R N I G W O T U N P T P T Q
R F G E C N L N C B S I B K X Y
A G E K É O J V O L L Q M X C T
S R U U D L A F L I T R E P X S
X Q R K I L O G R A M M E O W R
C E N T I M È T R E M V N U D M
P R O F O N D E U R L A X C H È
T O N N E A Y Q N O W R S E H T
B Z M V I L R R G M T M P S L R
F U Q N Y Z I F Z O Y G Y G E E
S J I O H S G P F A D G A K Z C
```

OCTET	LONGUEUR
CENTIMÈTRE	LITRE
DÉCIMAL	MASSE
DEGRÉ	MÈTRE
PROFONDEUR	MINUTE
GRAMME	ONCE
HAUTEUR	TONNE
POUCE	VOLUME
KILOGRAMME	POIDS
KILOMÈTRE	LARGEUR

4 - Farm #2

```
M N Z Z Y V T C A N A R D K T Y
M O L É G U M E M D R Z H K R Y
O I U L H C B F A P J V Z G A J
U R D T C R F K L S N C E U C J
L R D I O T Y R B E R G E R T W
I I H A B N J C R R G B C J E C
N G Q L D Q O B W U E C H A U E
À A R E F L M R R T D X A W R S
V T A V E R G E R I M U H P Q E
E I G T K N R O U R B A C L Y P
N O N G R A N G E R S M Ï C J R
T N E F R U I T J U L I A S B É
A G A D U Q U M P O R N M G T G
W E U I U É D Q N N J A Z X Q O
A G R I C U L T E U R K M T Y K
A G Z B H Z C B O R G E X L N R
```

ANIMAUX   LAMA
ORGE   PRÉ
GRANGE   LAIT
MAÏS   VERGER
CANARD   MOUTON
AGRICULTEUR   BERGER
NOURRITURE   TRACTEUR
FRUIT   LÉGUME
IRRIGATION   BLÉ
AGNEAU   MOULIN À VENT

5 - Books

```
G F S M V G H W Y N L Z P P X I
D I U W O I Y I D M X N O O L S
R X K M A Z Z F S É Y C É È E E
P M E R I A R É T T I L S M C T
P E U Q I G A R T I O G I E T I
É A R X S O Z R D L O I E J E N
C X G T B F Q G E A Z T R B U V
R S J E I C L B N U L P K E R E
I W D U E N X U E D H V J N N N
T P V Q Q A E A V E N T U R E T
C K A I T M H N B E G U N O A I
R Y A P T O L D T H K G D L U F
L W S É X R C O N T E X T E T I
H U M O R I S T I Q U E I G E L
J N A R R A T E U R P Y H A U W
C O L L E C T I O N B E G V R O
```

AVENTURE
AUTEUR
COLLECTION
CONTEXTE
DUALITÉ
ÉPIQUE
HUMORISTIQUE
INVENTIF
LITTÉRAIRE
NARRATEUR

ROMAN
PAGE
POÈME
POÉSIE
LECTEUR
PERTINENT
HISTOIRE
TRAGIQUE
ÉCRIT

6 - Meditation

```
P  R  E  S  P  I  R  A  T  I  O  N  G  I  C  A
E  M  R  C  D  X  V  Y  M  A  I  F  E  N  A  P
R  Z  Z  U  I  M  H  X  U  P  É  I  N  U  L  P
S  E  É  S  N  E  P  T  S  I  V  H  T  H  M  R
P  É  N  Q  K  C  B  E  I  Y  E  E  I  C  E  E
E  P  M  R  H  N  E  S  Q  N  I  S  L  O  A  N
C  U  A  O  T  E  E  P  U  O  L  P  L  M  H  D
T  W  G  I  T  L  A  R  E  I  L  E  E  P  C  R
I  I  V  C  X  I  Z  I  G  T  É  D  S  A  L  E
V  O  L  O  I  S  O  T  D  A  E  U  S  S  A  N
E  M  E  N  T  A  L  N  S  T  Q  T  E  S  R  A
X  Z  Q  P  X  Q  S  X  S  P  P  I  C  I  T  T
N  P  B  M  O  U  V  E  M  E  N  T  J  O  É  U
X  B  A  V  U  G  I  P  E  C  L  A  Z  N  H  R
A  M  C  Q  A  A  W  B  L  C  E  R  V  A  T  E
O  E  S  E  D  U  T  I  B  A  H  G  P  G  T  G
```

ACCEPTATION	MENTAL
ÉVEILLÉ	ESPRIT
RESPIRATION	MOUVEMENT
CALME	MUSIQUE
CLARTÉ	NATURE
COMPASSION	PAIX
ÉMOTIONS	PERSPECTIVE
GRATITUDE	SILENCE
HABITUDES	PENSÉES
GENTILLESSE	APPRENDRE

7 - Days and Months

```
U M O B Z H D J W F P L S R A M
I Z A Z B T I M E F B U E G W S
F W N R T R M G N U U M M X F Z
W É W V D F A Y C H D Q A M K T
C Z V E C I N M O I S I I C Y J
A J N R L Q C Z L M V Y N X Q J
L S Y B I O H K Z R Y K E W W A
E A I M R E E V E N D R E D I N
N M U E V H R Z Z R D V R Q D V
D E J T A A Y F Q I Z P B Y P I
R D V P L U N D I M N S O Z E E
I I G E É N N A M A O Û T P L R
E L M S M E R C R E D I C C T D
R Y Z N O V E M B R E G O Z Y G
O P B U Y A E X F O E P V M G T
V W G K C Y M L B J U I L L E T
```

AVRIL	NOVEMBRE
AOÛT	OCTOBRE
CALENDRIER	SAMEDI
FÉVRIER	SEPTEMBRE
VENDREDI	DIMANCHE
JANVIER	JEUDI
JUILLET	MARDI
MARS	MERCREDI
LUNDI	SEMAINE
MOIS	ANNÉE

8 - Energy

```
E N I M E I R E T T A B Z C K A
N U N Y S N O I T U L L O P V H
T C D S S I D N H R R Y K F F Y
R L U L E S E I D U B B H G O D
O É S B N O R T C E L É I L E R
P A T I C R K L D L J H J N H O
I I R K E R U E P A V N I S E G
E R I W X L F E E H E I K O G È
C E E E U Q I R T C E L É F J N
F B T N E M E N N O R I V N E E
Y A N O S O B G P A M W V G I F
C A R B U R A N T H P M E Z I B
J B U R S F Z E H Z O Z N T P I
P A Q A G F D U E O B T T E X L
B I M C G Y B V R B P Z O U O O
R E N O U V E L A B L E T N M B
```

BATTERIE
CARBONE
DIESEL
ÉLECTRIQUE
ÉLECTRON
ENTROPIE
ENVIRONNEMENT
CARBURANT
ESSENCE
CHALEUR

HYDROGÈNE
INDUSTRIE
MOTEUR
NUCLÉAIRE
PHOTON
POLLUTION
RENOUVELABLE
VAPEUR
TURBINE
VENT

9 - Chess

```
E A P V K H R G W M G N O A A C
W T D H B R E R È G L E S F X H
O E J V H F I S S A P A V Q N A
E M Q N E C N A L B Y U Z U B M
I P C E E R E C I F I R C A S P
G S B E Q U S I F É D Y E Y E I
É H I M W F V A V T G R A R N O
T P O I N T S M I W M J B D O N
A P P R E N D R E R I O N I D I
R K G J F G S Y U G E U V A W O
T H Q E G C E Q D J D E O G Q N
S F K U K J I O I D U U I O F R
C O N C O U R S H B X R D N R U
I N T E L L I G E N T J X A E O
J E L X J L A U D D F S F L R T
F N T K Z O H J Z G U W B M H G
```

NOIR
DÉFIS
CHAMPION
INTELLIGENT
CONCOURS
DIAGONAL
JEU
ROI
ADVERSAIRE
PASSIF

JOUEUR
POINTS
REINE
RÈGLES
SACRIFICE
STRATÉGIE
TEMPS
APPRENDRE
TOURNOI
BLANC

10 - Archeology

```
J  E  C  U  N  U  H  L  J  H  R  C  N  T  S  H
M  R  M  B  X  A  W  G  L  J  P  I  T  O  L  W
M  V  O  G  E  G  U  C  C  K  X  V  D  M  M  Z
Q  O  M  K  C  L  I  D  B  J  C  I  Q  B  S  P
R  W  E  R  E  L  I  Q  U  E  H  L  M  E  T  L
É  I  L  B  U  O  X  F  Y  T  E  I  G  V  S  J
Q  S  P  I  N  C  O  N  N  U  R  S  Y  O  D  É
G  E  M  Y  S  T  È  R  E  É  C  A  H  A  E  V
O  S  E  F  A  X  R  H  R  Q  H  T  T  N  S  A
I  Y  T  B  O  N  A  A  È  U  E  I  F  T  C  L
F  L  E  V  D  S  C  T  R  I  U  O  R  I  E  U
F  A  T  J  B  B  S  I  R  P  R  N  T  Q  N  A
H  N  O  J  V  O  B  I  E  E  M  X  Q  U  D  T
U  A  O  B  J  E  T  S  L  N  P  A  A  I  A  I
R  É  S  U  L  T  A  T  S  E  I  X  F  T  N  O
X  E  D  E  O  L  X  W  R  Z  C  D  E  É  T  N
```

ANALYSE	OUBLIÉ
ANCIEN	FOSSILE
ANTIQUITÉ	MYSTÈRE
OS	OBJETS
CIVILISATION	RELIQUE
DESCENDANT	CHERCHEUR
ÈRE	ÉQUIPE
ÉVALUATION	TEMPLE
EXPERT	TOMBE
RÉSULTATS	INCONNU

11 - Food #2

```
J E O P H B B A M F J K E B K P
E A X V P A Y V I T R U O A Y H
T P M D K R H B C B H O A E Z W
U F J B Z M U L O D J L M A U B
A E G N O N G I P M A H C A U C
H T W B L N W R H R Z P S L G X
C S P B R N N O S S I O P L J E
I R E L É C I H B A R M G M A O
T O M A T E S O R U A M Q F E L
R T N U P S I P O B T E L U O P
A H E U N F A G C E I V P E W N
V O C Z C F R G O R Y C J O C Q
R E O D K U J P L G Q W B A L D
C H O C O L A T I I F H Q L B V
C E R I S E O X O N K I W I É X
N F O V A F I J R E N A N A B Y
```

POMME   AUBERGINE
ARTICHAUT   POISSON
BANANE   RAISIN
BROCOLI   JAMBON
CÉLERI   KIWI
FROMAGE   CHAMPIGNON
CERISE   RIZ
POULET   TOMATE
CHOCOLAT   BLÉ
OEUF   YAOURT

12 - Chemistry

```
S C I X A M G O R G A N I Q U E
S I J A E V S L H T W Q K Y B Z
C L I C H L O R E X Z I A G S Y
T A Y X E N F K W K U G S X S I
E U T I I J J H C G B S I T E U
M S M A P E N È G O R D Y H L V
P A S P L M L B X W Z F W U W É
É M C P C Y U X I E S H X E Y L
R N O I O Z S T D I B L W O X E
A C P X D N U E L U C É L O M C
T A O L Y E D I U Q I L G A Z T
U R I E H G O R L R C T Q D Q R
R B D C O N È A L C A L I N O O
E O S L F G W N C H A L E U R N
T N F W W J S Q E U Q I M O T A
H E R I A É L C U N U F V A D M
```

ACIDE
ALCALIN
ATOMIQUE
CARBONE
CATALYSEUR
CHLORE
ÉLECTRON
ENZYME
GAZ
CHALEUR

HYDROGÈNE
ION
LIQUIDE
MOLÉCULE
NUCLÉAIRE
ORGANIQUE
OXYGÈNE
SEL
TEMPÉRATURE
POIDS

13 - Music

```
S H C B A L L A D E W J Y W L H
C C H M I C R O P H O N E J I A
Y M Œ Q O V C M U S I C I E N R
M H U P P T H D Z R K W Z U K M
L U R Y É S A F I C J L X Q J O
Y Y S P R U N C W F Q U N I X N
A S R I A K T N E M U R T S N I
L A C I S E R I I Y U J S U E
B Q F A Q A R T A D D N R A A C
U W F L Y U L A C O V O A L Y H
M Z E T Z A E C F M R G L C W A
U R M O R U P U U W Y F F É W N
P O É T I Q U E Z O T E F N M T
R Y T H M I Q U E X H X A B C E
K B U N E U Q I N O M R A H Y U
G N O T E U Q I T C E L C É K R
```

ALBUM
BALLADE
CHŒUR
CLASSIQUE
ÉCLECTIQUE
HARMONIQUE
HARMONIE
INSTRUMENT
LYRIQUE
MÉLODIE

MICROPHONE
MUSICAL
MUSICIEN
OPÉRA
POÉTIQUE
RYTHME
RYTHMIQUE
CHANTER
CHANTEUR
VOCAL

14 - Family

```
G E L V Z E E R È R F H L Y R P
E N F A N T S N O M X W Y B Q M
T I F M F N H K F N R Y J E Z A
A S E È I A J N Z A C S P P Q T
N U F R L F G L P Z N L I E X E
T O O E L N E V E U T C E T S R
E C O H E E M M E F I M E I O N
P E T I T F I L S K H X N T E E
Z P T I D O A H G A M G J E U L
B V P X J H N U N E I D S N R E
G B Z O M F C M N I A W H F S N
D E R P N Q Ê Z G Y V B J A C R
J Y C J Q Q T T F U W M P N I E
G B T È A A R M O X F C Z T J T
S M A R I W E K T R K C A S Q A
Y Q G R A N D P È R E Y J S H P
```

ANCÊTRE	PETIT-FILS
TANTE	MARI
FRÈRE	MATERNEL
ENFANT	MÈRE
ENFANCE	NEVEU
ENFANTS	NIÈCE
COUSIN	PATERNEL
FILLE	SOEUR
PETIT-ENFANT	ONCLE
GRAND-PÈRE	FEMME

15 - Farm #1

```
A B E I L L E R V È H C B F F X
P G D J P F W L L G R A I N E S
T M D Z M I E L B N O S I B P Q
A G R I C U L T U R E Â H P O B
H H Y R I B A Z A B H I N W U E
C C H E V A L E E M C M H E L J
C L Ô T U R E Z V T A F J C E K
C H A M P Z J C E O V C D H T J
S S D L N I S B N Z X J S G G M
K G L I R O A O G N U S I C P X
Z R O M Y G K N R H E T P W F O
L F E I F V U U A E B R O C M D
P T C O F O I N I P S A R N X P
G C O H Y A A G S Y U M R E X V
X Y R H A O M L Z N V S R V S I
W X C X I J P E F K C J Q A C Y
```

AGRICULTURE   CLÔTURE
ABEILLE   ENGRAIS
BISON   CHAMP
VEAU   CHÈVRE
CHAT   FOIN
POULET   MIEL
VACHE   CHEVAL
CORBEAU   RIZ
CHIEN   GRAINES
ÂNE   EAU

16 - Camping

```
C Y D R H W N X S N M Y F B X M
A H H O F Y A V K X F X O D C O
R S A O F E T R A C A L R T O N
B F I P Q X U A M I N A Ê K R T
R D T U E O R E E U F P T K D A
E M X Q B A E K F C A M A H E G
S Z M A X I U A D V A T Z P B N
A M U S E M E N T V Z N W D D E
O D O I E Q T J G F W R O Y W W
E N N Y L U N E N I B A C Ë I T
T S W Q O J E T T A Q P I K U N
J U L I S A T C C H A S S E T R
Y L D C S Z Y E R U T N E V A X
S G Z P U P F S D X K B U V Q Q
F O N N O T T N E B Z K P G B L
Y P F Z B U F I D T G G U R Y I
```

AVENTURE
ANIMAUX
CABINE
CANOË
BOUSSOLE
FEU
FORÊT
AMUSEMENT
HAMAC
CHAPEAU

CHASSE
INSECTE
LAC
CARTE
LUNE
MONTAGNE
NATURE
CORDE
TENTE
ARBRES

17 - Algebra

```
E  M  M  A  R  G  A  I  D  I  G  S  P  B  H  U
É  X  A  D  D  I  T  I  O  N  M  W  A  X  U  G
Q  L  P  N  O  I  S  I  V  I  D  L  R  N  H  C
U  B  Y  O  R  É  Z  W  M  F  O  I  E  I  C  W
A  V  Y  I  S  K  V  Y  A  N  I  N  N  N  U  P
T  A  B  T  D  A  O  E  T  I  F  É  T  B  C  I
I  R  J  C  Z  R  N  D  R  S  V  A  H  G  H  L
O  I  G  A  T  A  I  T  I  F  L  I  È  N  N  L
N  A  D  R  S  H  Q  D  C  A  Y  R  S  G  Q  B
Z  B  J  T  F  O  Z  S  E  U  S  E  E  Z  O  Z
J  L  S  S  I  O  L  O  X  N  O  M  B  R  E
J  E  V  U  F  J  R  U  P  R  O  B  L  È  M  E
M  M  E  O  F  K  F  M  T  F  A  C  T  E  U  R
B  X  Z  S  O  L  E  X  U  I  U  S  I  P  L  H
F  R  A  C  T  I  O  N  J  L  O  X  O  D  I  O
S  I  M  P  L  I  F  I  E  R  E  N  X  R  K  M
```

ADDITION
DIAGRAMME
DIVISION
ÉQUATION
EXPOSANT
FACTEUR
FAUX
FORMULE
FRACTION
INFINI

LINÉAIRE
MATRICE
NOMBRE
PARENTHÈSE
PROBLÈME
SIMPLIFIER
SOLUTION
SOUSTRACTION
VARIABLE
ZÉRO

18 - Numbers

```
C F U S F U E N X I D N E U F H
N I J U T E Z R O T A U Q O H N
I L N N P R U D É C I M A L U Y
L O E Q E T O D I X S E P T M G
J R W C S A D I S X W G T Y G M
D Q S Y A U N R S W I S I H B M
E H U I T Q N I M P B W O W B E
U T I P P F H Z K T E B R T R W
X Y F R L L V L M S Z U D J S V
O O Q D P P F I S E I Z E Z N U
A M I I K E H M N A E V Z E B P
J L Q X I D H N F G R U N Z L U
Y M E H U E E N X X T O I L R H
P I W U A H F F T E I Y U K H W
U Z W I B G V C G J R M Q V I V
W Y A T C G G L S I X P G F R I
```

DÉCIMAL	SEPT
HUIT	DIX-SEPT
DIX-HUIT	SIX
QUINZE	SEIZE
CINQ	DIX
QUATRE	TREIZE
QUATORZE	TROIS
NEUF	DOUZE
DIX-NEUF	VINGT
UN	DEUX

19 - Spices

```
C S A V E U R U C B D K O O G Y
E A F J X M V X O E Z W I J V D
R K N A R F A S R E M A G G P O
G I I N J B X I I F U G N A F U
U R M C E Y Y N A M E U O B A X
N P U A R L E A N U C N N L V V
E A C R B E L M D S G C O E E C
F P V D M S Q E R C E U Z U N W
O F A A E Q S Q E A T R F K I D
J Q N M G F R U W D Z R U L M L
B S I O N Z X M I E U Y E T X C
B Y L M I A R G I R O F L E D O
Z P L E G T F M U J F P D P M E
T O E W V V D B S L O R Z P Q X
M A F A O Q A T B H G X S D W V
T U Z T O I V A I L P E N F P V
```

ANIS	SAVEUR
AMER	AIL
CARDAMOME	GINGEMBRE
CANNELLE	MUSCADE
GIROFLE	OIGNON
CORIANDRE	PAPRIKA
CUMIN	SAFRAN
CURRY	SEL
FENOUIL	DOUX
FENUGREC	VANILLE

20 - Mammals

```
Y R E R V C É L É P H A N T K P
D I P S O E H L C M I I T Z S A
M T C Y W V F E N I E L A B D R
C H I E N P T H V O B G H C A U
N S D A T Z M A H A Z R C S R D
M O U T O N U J U S L S I N G E
T V E C O Y O T E R R E N A R D
U L B C X W D F W U E B W M O A
C I H A X L N A G O P A A S T E
D O B R L O U P U L M J U L S D
R N Y J E L E Q G P O E Z A A O
K A N G O U R O U Z H N W D C H
E T P L T R B J E L L I R O G V
A M K O K G È T S F T P N V B M
V J N H X E Z N G I R A F E W I
L H K E A S B A X A I L C S Y X
```

OURS
CASTOR
TAUREAU
CHAT
COYOTE
CHIEN
DAUPHIN
ÉLÉPHANT
RENARD
GIRAFE

GORILLE
CHEVAL
KANGOUROU
LION
SINGE
LAPIN
MOUTON
BALEINE
LOUP
ZÈBRE

21 - Bees

```
E F X L J L L C L J É P N Q S P
N S L E I M I C D P C L O P P O
I I S E T C E S N I O A U S D L
E W R A U Z L J Q N S N R B L L
R Y G X I R O C Y M Y T R Q V I
F U M É E M S H A S S E I X P N
D F L E U R N B P B T S T D A I
O I U P F Z F Y T É È K U M A S
X P V N I D R A J N M H R P W A
L D I E R I C D K É E D E F O T
F P Y L R U B K Q F L W Y M S E
U R D L D S E G O I R U C H E U
K K S O V P I Z P Q T K K A N R
K R V P A K Q T R U O A N J X J
T T B E A V K F É E G L J X B E
Y P B F R U I T A T I B A H M W
```

BÉNÉFIQUE   MIEL
FLEUR   INSECTE
DIVERSITÉ   PLANTES
ÉCOSYSTÈME   POLLEN
FLEURS   POLLINISATEUR
NOURRITURE   REINE
FRUIT   FUMÉE
JARDIN   SOLEIL
HABITAT   ESSAIM
RUCHE   CIRE

22 - Photography

```
E  D  Z  D  C  P  E  R  S  P  E  C  T  I  V  E
B  A  S  C  N  O  I  T  I  S  O  P  M  O  C  X
Q  R  B  K  A  L  U  É  C  L  A  I  R  A  G  E
J  A  I  C  K  D  X  L  B  Q  A  G  Q  P  C  E
J  Q  M  P  E  L  R  M  E  R  B  M  O  Z  É  X
A  D  O  U  C  I  R  E  R  U  O  B  J  E  T  P
P  O  R  T  R  A  I  T  U  D  R  S  C  Q  I  O
K  K  N  O  I  R  Q  A  T  É  R  M  O  Z  R  S
Y  O  F  H  C  É  V  M  X  F  B  O  N  X  U  I
Z  S  G  H  V  M  S  R  E  I  R  R  T  I  C  T
Z  L  K  Z  U  A  L  O  T  N  H  H  R  Y  S  I
K  L  S  O  E  C  F  F  U  I  X  V  A  N  B  O
Z  I  P  U  O  F  W  C  H  T  V  R  S  L  O  N
O  Y  C  W  J  U  L  C  W  I  J  B  T  W  M  L
A  Y  U  R  A  E  E  J  X  O  Y  A  E  U  B  M
V  I  S  U  E  L  T  Z  L  N  Z  B  G  M  S  L
```

NOIR	ÉCLAIRAGE
CAMÉRA	OBJET
COULEUR	PERSPECTIVE
COMPOSITION	PORTRAIT
CONTRASTE	OMBRE
OBSCURITÉ	ADOUCIR
DÉFINITION	SUJET
EXPOSITION	TEXTURE
FORMAT	VUE
CADRE	VISUEL

23 - Adventure

```
D I F F I C U L T É T K B I X E
L P P E M S A I S U O H T N E X
P R É P A R A T I O N R T O H C
V E Y Z D L Y Q M N P M A R V U
G K F C F K P D A H O W X G N R
O P P O R T U N I T É U H X O S
D E S T I N A T I O N B V U I I
P Q O V D R C M I K W R L E T O
D H É I L É E I D L O A H R A N
N A T U R E F Y Z F E V T E G U
U M I A D L L I S W C O U G I Z
F O V V U P T C S K H U K N V X
I T I N É R A I R E A R J A A R
T É T I R U C É S C N E O D N K
P T C B E A U T É O C M I A D W
E B A U L W B D N A E K E H E K
```

ACTIVITÉ
BEAUTÉ
BRAVOURE
DÉFIS
CHANCE
DANGEREUX
DESTINATION
DIFFICULTÉ
ENTHOUSIASME
EXCURSION

AMIS
ITINÉRAIRE
JOIE
NATURE
NAVIGATION
NOUVEAU
OPPORTUNITÉ
PRÉPARATION
SÉCURITÉ

24 - Sport

```
Q R O S D D D A N S E N M W L V
J E C R O F D Y X P M U A G S X
J S M G N U E E L R M T X N C P
Z P B É N É H T S O A R I I Y J
S I R J T E T È G C R I M G C Z
C R R E G A N I A E G T I G L F
R E G N G G B D C A O I S O I P
B R Y B R G Q O U A R O E J S W
O T Y V Y Z Z D L R N E R W M A
S E L C S U M V S I A A O K E T
P W R Q S T I Q P Z Q N C C D H
O H M L S A N T É W D U C N C L
R R L R U E N Î A R T N E E O È
T P L O H B K Y E J I E P G N T
S O W Y F X A K I A I D L N Z E
A L T T D E K J U M B H R T S R
```

CAPACITÉ
ATHLÈTE
CORPS
OS
ENTRAÎNEUR
CYCLISME
DANSE
DIÈTE
ENDURANCE
SANTÉ

JOGGING
MAXIMISER
MÉTABOLIQUE
MUSCLES
NUTRITION
PROGRAMME
SPORTS
FORCE
RESPIRER
NAGER

25 - Restaurant #2

```
S  C  J  C  Z  H  E  P  Z  Z  P  D  S  W  M  D
G  E  H  W  W  X  N  S  S  W  U  É  A  L  S  V
N  P  R  A  D  Î  N  E  R  I  A  J  L  N  Y  R
K  U  E  V  I  G  I  M  S  L  K  E  A  O  M  F
A  O  T  L  E  S  F  U  E  O  C  U  D  U  Q  E
Y  S  T  J  N  U  E  G  C  M  U  N  E  I  Q  W
N  U  E  F  H  L  R  É  D  U  A  E  T  L  D  L
F  L  H  C  U  I  L  L  È  R  E  R  N  L  S  J
Q  M  C  Q  F  C  B  E  T  V  T  C  X  E  L  L
G  Z  R  D  T  D  O  T  R  Â  R  S  S  T  G
Q  X  U  E  I  C  I  L  É  D  G  U  N  G  O  J
B  W  O  J  U  N  S  G  G  P  W  B  J  L  K  S
N  H  F  B  R  G  S  E  L  W  I  R  E  A  A  J
M  S  L  T  F  K  O  G  Y  A  W  C  G  C  C  N
S  C  F  H  H  W  N  Z  P  A  Y  H  E  E  J  S
P  O  I  S  S  O  N  B  G  E  M  U  M  S  F  G
```

BOISSON	DÉJEUNER
GÂTEAU	NOUILLES
CHAISE	SALADE
DÉLICIEUX	SEL
DÎNER	SOUPE
OEUF	ÉPICES
POISSON	CUILLÈRE
FOURCHETTE	LÉGUMES
FRUIT	SERVEUR
GLACE	EAU

26 - Geology

```
M  J  V  J  P  G  R  T  T  N  A  C  L  O  V  Y
F  F  O  N  D  U  E  N  R  E  V  A  C  J  Y  O
G  O  W  B  M  X  R  E  I  W  N  L  É  Z  M  B
Q  F  S  Q  A  X  R  N  O  A  K  C  R  K  I  Q
U  M  Q  S  T  T  E  I  B  D  Y  I  O  M  P  X
R  G  D  S  I  P  I  T  G  E  F  U  S  G  Q  S
A  W  P  M  Y  L  P  N  C  J  N  M  I  E  U  N
I  X  U  T  X  Z  E  O  D  O  I  G  O  Y  A  N
T  U  L  E  S  E  L  C  Y  C  R  Z  N  S  R  U
Q  A  A  O  A  P  V  H  S  E  C  A  P  E  T  K
R  T  V  E  D  I  C  A  G  Y  Y  U  I  R  Z  W
L  S  E  H  T  L  P  M  B  J  D  S  W  L  O  Q
M  I  J  C  Z  A  S  T  A  L  A  C  T  I  T  E
K  R  K  U  Z  K  L  M  I  N  É  R  A  U  X  Q
W  C  W  O  O  O  L  P  S  K  G  K  C  Y  R  Y
E  J  T  C  Y  L  E  H  K  S  T  V  J  L  F  M
```

ACIDE	LAVE
CALCIUM	COUCHE
CAVERNE	MINÉRAUX
CONTINENT	FONDU
CORAIL	PLATEAU
CRISTAUX	QUARTZ
CYCLES	SEL
ÉROSION	STALACTITE
FOSSILE	PIERRE
GEYSER	VOLCAN

27 - House

```
F J N D F W I E G O V T D F I M
C L M I A N M H Z H Z O O E I Z
I R G K C H A M B R E I U N Q Q
I I H L X S U C C V J T C Ê B D
X J L A M P E P O R T E H T L D
G A R A G E O L L U Q J E R V C
G R E N I E R O B M V U Q E G P
C Y U O D T I S X U A E D I R I
C H P W L X O W R L E F K R O F
L R E X M P R X W T X M T V W H
Ô Q X M U S I L L L Z Q P Z J A
T C O E I P M Y C U I S I N E C
U R B E A N I D R A J A Y I R L
R S L O V H É Q O A G P L M C É
E O V A D B Q E M M U P T A Q S
B I B L I O T H È Q U E Z Z B K
```

GRENIER	CLÉS
BALAI	CUISINE
RIDEAUX	LAMPE
PORTE	BIBLIOTHÈQUE
CLÔTURE	MIROIR
CHEMINÉE	TOIT
SOL	CHAMBRE
MEUBLES	DOUCHE
GARAGE	MUR
JARDIN	FENÊTRE

28 - Physics

```
C M É C A N I Q U E V Y A B A Y
S H G I N V B C G L I É P H C R
C F A Y L M Y É J U T L B F C G
J D X O X O G T D M E E T I É L
B W Y K S L Q I B R S C Z C L M
M A Z S Q É F V V O S T G H É A
N A H E P C E I D F E R A I R S
U E G C R U E T O M D O Z M A S
C X T N E L W A G A E N D I T E
L P T E É E M L I P N I D Q I Z
É A H U Q T R E T K S H I U O U
A N Q Q H V I R U D I Y Q E N U
I S T É Z Q B S Z V T A T O M E
R I Q R C H O S M N É Q D P F E
E O A F P L E S R E V I N U W H
I N E F B P A R T I C U L E Y L
```

ACCÉLÉRATION
ATOME
CHAOS
CHIMIQUE
DENSITÉ
ÉLECTRON
MOTEUR
EXPANSION
FORMULE
FRÉQUENCE

GAZ
MAGNÉTISME
MASSE
MÉCANIQUE
MOLÉCULE
NUCLÉAIRE
PARTICULE
RELATIVITÉ
VITESSE
UNIVERSEL

29 - Dance

```
C U L T U R E L Z L E T T U A S
S É J R M J L W O M I M R T E S
P G M A Y R O Q O Z C H A R X I
Z H O O W P A Y T X W E D M P H
K R Z N T X N U E A I Y I U R V
X Y F B A I L X H U H N T S E W
C T I N I E O B H F X O I I S P
U H T A P R M N Z A S I O Q S A
L M Z M O U V E M E N T N U I R
T E F T L T Z I V C V I N E F T
U M B I E S P M C Â D T E V Z E
R W W I U O M É M R S É L H W N
E I I C S P U D Y G J P E F X A
J E U Q I S S A L C Z É R K I I
Y L H V V A S C T U W R R O Z R
K S Y E I H P A R G É R O H C E
```

ACADÉMIE   JOYEUX
ART   SAUT
CORPS   MOUVEMENT
CHORÉGRAPHIE   MUSIQUE
CLASSIQUE   PARTENAIRE
CULTUREL   POSTURE
CULTURE   RÉPÉTITION
ÉMOTION   RYTHME
EXPRESSIF   TRADITIONNEL
GRÂCE   VISUEL

30 - Coffee

```
S U C R E M Ô R A J R E M A Q C
M S C S R G M C P J F Ô Y G E A
D A U K I I X U E D J X T K A F
P Z T B O U F T X N O I R I C É
W K I I B I I B S O R R W A R I
L T A N N M L C P S B P K P È N
L I L V M A T R F S S N W T M E
Q C Q H D L R K E I S I F X E X
C K F U K I E C C O A U X O R T
G A N A I D E C V B V I O N D B
A I F E E D I C A S E P T B U Q
T A S S E K E E Q O U B A D O G
O R I G I N E Q P O R H M I M G
P D O J O O H N L Y R L G N Y J
W D P D Q D Z V J N N M G A U G
Y M C P V N A F G H P C R J O A
```

ACIDE	MOUDRE
ARÔME	LIQUIDE
BOISSON	LAIT
AMER	MATIN
NOIR	ORIGINE
CAFÉINE	PRIX
CRÈME	RÔTI
TASSE	SUCRE
FILTRE	BOIRE
SAVEUR	EAU

31 - Shapes

```
P C D T J G A O D T J T B F F E
C K Z O M E M X I W F A K T Y H
N I M L É T Ô C U N S I B W M A
X C B O R D S Q E S P I L L E X
C T A K R U P U E R D N I L Y C
O L N C A D T R D O C D U A H P
I R J X C E N G I L L L Z J Y O
N Z E T V B X N M S B H E Z P L
M U N C M U W W A O M E F L E Y
U R Ô Q T C C N R E J E N M R G
N E C B E A A G Y O V A L E B O
M M Z C U M N F P D O V R B O N
L I T O N M A G C S G E R R L E
S P H È R E R X L L Q H Q U E R
P V F C U Y C X V E B O W O Y A
T R I A N G L E L U H M W C X E
```

ARC   LIGNE
CERCLE   OVALE
CÔNE   POLYGONE
COIN   PRISME
CUBE   PYRAMIDE
COURBE   RECTANGLE
CYLINDRE   CÔTÉ
BORDS   SPHÈRE
ELLIPSE   CARRÉ
HYPERBOLE   TRIANGLE

32 - Scientific Disciplines

```
M I N É R A L O G I E C K N H S
A A N L N A S E R K I T B U N O
R N E U H K I U E L G N E P M C
C A U F D E I M O N O R T S A I
H T R U G V I X C E L K G I U O
É O O I Y I Z P E I O P W T T L
O M L V B K L C V G C I U U T O
L I O I U U E V D O É N C H Z G
O E G V Z E I G O L O N U M M I
G G I Q E I G O L O I S Y H P E
I C E G É O L O G I E C E J K F
E U Q I N A C É M S T H F P T M
B I O C H I M I E É T I D C O Z
B O T A N I Q U E N R M A P U Q
B I O L O G I E G I L I R U M Y
Z O O L O G I E H K E E T E U M
```

ANATOMIE
ARCHÉOLOGIE
ASTRONOMIE
BIOCHIMIE
BIOLOGIE
BOTANIQUE
CHIMIE
ÉCOLOGIE
GÉOLOGIE

IMMUNOLOGIE
KINÉSIOLOGIE
MÉCANIQUE
MINÉRALOGIE
NEUROLOGIE
PHYSIOLOGIE
SOCIOLOGIE
ZOOLOGIE

33 - Science

```
P O N A T U R E M O T A E O F T
P A R É V O L U T I O N X P P O
H L R G H T E S È H T O P Y H T
Y A P T A X O N X U A R É N I M
S B L E I N P U E C X R B X P
I O A D U C I I H T H Q I Q C Y
Q R N C M O U S F H I Y E K K I
U A T Q H O U L M T M K N L P Y
E T E E N X L A E E I K C T H R
L O S N K W O É U S Q E E C C Y
I I R L S A U T C N U D V L Z I
S R P K J E S I V U E N Q I Q F
S E É N N O D V S K L I X M Z A
O E D B V K S A L N M E W A I I
F A R P A H Q R R O C D S T L T
K S O M X Q K G M É T H O D E Q
```

ATOME
CHIMIQUE
CLIMAT
DONNÉES
ÉVOLUTION
EXPÉRIENCE
FAIT
FOSSILE
GRAVITÉ
HYPOTHÈSE

LABORATOIRE
MÉTHODE
MINÉRAUX
MOLÉCULES
NATURE
ORGANISME
PARTICULES
PHYSIQUE
PLANTES

34 - Beauty

```
C  É  L  É  G  A  N  C  E  M  B  C  J  L  M  V
C  O  P  N  X  Q  X  O  S  I  O  V  R  C  A  J
L  I  U  A  X  Z  B  A  S  R  U  D  J  I  Q  E
C  M  S  L  R  O  L  L  I  O  C  J  R  A  U  M
R  E  E  E  E  F  U  F  L  I  L  U  T  H  I  T
G  R  L  C  A  U  U  D  D  R  E  Z  B  M  L  E
N  S  I  Â  R  U  M  A  I  S  D  B  S  L  U
I  Q  U  R  A  P  X  É  L  É  G  A  N  T  A  Q
O  V  H  G  C  I  C  Q  X  Y  E  T  B  I  G  I
O  C  E  T  S  I  L  Y  T  S  V  R  Q  U  E  T
P  E  A  U  A  W  Y  U  P  J  D  L  F  D  J  É
M  M  Z  X  M  K  O  W  U  L  C  W  Q  O  O  M
A  R  W  N  I  G  Q  E  S  E  C  I  V  R  E  S
H  A  E  U  Q  I  N  É  G  O  T  O  H  P  L  O
S  H  K  A  Q  M  T  Y  C  P  K  I  N  R  V  C
P  C  F  F  T  D  X  K  Y  M  Q  Z  T  M  W  Z
```

CHARME   MIROIR
COULEUR   HUILES
COSMÉTIQUE   PHOTOGÉNIQUE
BOUCLES   PRODUITS
ÉLÉGANCE   CISEAUX
ÉLÉGANT   SERVICES
PARFUM   SHAMPOOING
GRÂCE   PEAU
MAQUILLAGE   LISSE
MASCARA   STYLISTE

35 - Clothes

```
K  I  C  D  I  C  V  P  Q  C  N  M  F  P  I  T
A  C  U  H  Y  A  O  F  S  O  H  U  E  U  P  V
M  L  G  U  A  C  H  E  M  I  S  E  M  L  T  E
A  E  F  A  G  U  I  Z  F  G  Z  C  A  L  G  S
J  U  P  E  N  A  S  S  E  L  A  D  N  A  S  T
Y  C  Q  P  O  T  I  S  M  X  A  L  T  Z  M  E
P  E  X  A  L  R  S  N  U  S  V  M  E  D  O  M
I  I  F  H  A  J  E  K  Y  R  T  U  A  B  G  O
S  N  P  C  T  E  K  Z  L  E  E  Y  U  K  O  D
G  T  S  G  N  A  T  A  C  I  L  G  H  N  D  R
V  U  L  R  A  N  Y  C  H  L  E  B  M  I  J  A
H  R  A  E  P  S  P  E  F  B  C  I  L  F  Y  L
W  E  O  O  A  O  B  Y  F  A  A  J  W  A  V  U
C  H  E  M  I  S  I  E  R  T  R  O  S  P  A  O
D  J  K  X  N  C  R  U  Y  H  B  U  D  O  K  F
S  D  S  V  G  V  H  F  X  G  V  X  T  Q  A  V
```

TABLIER	JEANS
CEINTURE	BIJOUX
CHEMISIER	PYJAMA
BRACELET	PANTALON
MANTEAU	SANDALES
ROBE	FOULARD
MODE	CHEMISE
GANTS	CHAUSSURE
CHAPEAU	JUPE
VESTE	PULL

36 - Ethics

```
D V S E B I E N V E I L L A N T
I I A R E S P E C T U E U X T H
N É P L C O M P A S S I O N O O
T L S L E M S I U R T L A Q L N
É B A É O U Y S O K L V X T É N
G A G T A M R O W H G T D S R Ê
R N E I N F A S I M B H F G A T
I N S L E D É T I N A M U H N E
T O S A X E M S I M I T P O C T
É S E N U Y S F S Q O J X G E É
U I P O A L T Y O F U M O S K T
P A T I E N C E S J R E W B F I
H R B T R É A L I S M E M X O N
G Z J A G E N T I L L E S S E G
L D E R C O O P É R A T I O N I
D J W P H I L O S O P H I E F D
```

ALTRUISME
BIENVEILLANT
COMPASSION
COOPÉRATION
DIGNITÉ
DIPLOMATIQUE
HONNÊTETÉ
HUMANITÉ
INTÉGRITÉ
GENTILLESSE

OPTIMISME
PATIENCE
PHILOSOPHIE
RATIONALITÉ
RÉALISME
RAISONNABLE
RESPECTUEUX
TOLÉRANCE
VALEURS
SAGESSE

37 - Insects

```
P M T L Q R Y R Z O A M U S Y N
A O E J I L C B W O B E X C U M
P U U M B B D Z N N E E J A Q N
I S Q N O R E C U P I D F R A C
L T I K B F T L K R L W R A L J
L I R M M A I L L P L P E B O Z
O Q C A N B M M T U E U L É B N
N U A N Z F R E Q L L X O E E O
F E F T F Y E Q T A Y E N J I R
O F A E A I T D T R M G U Ê P E
U V R C I G A L E V V E R U A H
R O D L L A E L L E N I C C O C
M M S A U T E R E L L E P K O U
I H O X I R X E V X N G N U U O
N H X Q K S Q K V T D K E Q C M
J W M V U K F B B K X O S J D E
```

FOURMI   SAUTERELLE
PUCERON   FRELON
ABEILLE   COCCINELLE
SCARABÉE   LARVE
PAPILLON   CRIQUET
CIGALE   MANTE
CAFARD   MOUSTIQUE
LIBELLULE   TERMITE
PUCE   GUÊPE
MOUCHERON   VER

38 - Astronomy

```
P S M P T K L C V A A D P K C R
M L C I E L T E R R E K P L O C
É L A K E M B A W Z K S P U S C
T R O N A S T É R O Ï D E N M S
É A B O È E P V J I T Z Q E O U
O D S I E T U A N O R T S A S P
R I E T S Z E M O N O R T S A E
E A R A U O T X F H Y V K S L R
S T V L E D I Z O U X S V C E N
P I A L L I L B M N S A M K X O
I O T E U A L I M P I É S A R V
L N O T B Q E J T D V U E T Y A
C T I S É U T F V G V M Q W Q C
É H R N N E A R M J Z R C É R F
P Z E O S J S G A L A X I E O V
L V Y C L H R J M C K C K Q X O
```

ASTÉROÏDE
ASTRONAUTE
ASTRONOME
CONSTELLATION
COSMOS
TERRE
ÉCLIPSE
ÉQUINOXE
GALAXIE
MÉTÉORE

LUNE
NÉBULEUSE
OBSERVATOIRE
PLANÈTE
RADIATION
FUSÉE
SATELLITE
CIEL
SUPERNOVA
ZODIAQUE

39 - Health and Wellness #2

```
R D A G V E Z X X D N I A S A K
É I L L J X S A N G U X T O T V
C È O A L C S H W J T B D S Z B
U T J T N E E W Z E R U E M U H
P E L I Y I R X N A I W H C Z H
É R G P B M T G O O T G K V Q D
R M P Ô P O S J I I I G R I J E
A A A H W T D E T E O É V E N G
T P P S L A I A C N N N I I N K
I P K K S N O E E È G É T R A É
O É T B X A P C F I I T A O X J
N T E M A S G U N G R I M L K B
A I S F C C I E I Y A Q I A J I
N T K L A T H J O H U U N C Y V
V R V M A L A D I E W E E J W W
V S S F X Z Q K O N O V Y C V E
```

ALLERGIE	HÔPITAL
ANATOMIE	HYGIÈNE
APPÉTIT	INFECTION
SANG	MASSAGE
CALORIE	HUMEUR
DIÈTE	NUTRITION
MALADIE	RÉCUPÉRATION
ÉNERGIE	STRESS
GÉNÉTIQUE	VITAMINE
SAIN	POIDS

40 - Disease

```
N  A  C  O  S  V  Q  B  C  X  G  J  E  J  Z  R
E  L  O  W  É  T  N  A  S  Y  N  D  R  O  M  E
U  L  N  G  S  U  A  C  F  A  I  B  L  E  C  U
R  E  T  E  R  I  O  T  A  R  I  P  S  E  R  Q
O  R  A  I  U  P  Y  É  V  O  I  M  N  I  H  I
P  G  G  P  Œ  F  S  R  T  Q  L  J  O  U  M  T
A  I  I  A  C  H  D  I  P  I  A  E  I  Q  H  É
T  E  R  V  D  V  E  A  F  N  E  T  P  B  N
H  S  U  É  Q  X  F  N  T  S  I  U  A  U  X  É
I  T  X  H  P  D  U  F  H  W  M  Q  M  R  F  G
E  Z  D  T  V  J  L  H  O  J  O  I  M  M  Y  K
L  O  M  B  A  I  R  E  G  C  D  N  A  E  I  T
E  K  R  N  X  B  O  Y  È  O  B  O  L  Z  S  A
K  V  Z  F  J  O  B  D  N  R  A  R  F  W  D  S
O  U  H  T  H  V  F  X  E  P  A  H  N  R  V  R
M  O  I  W  C  J  J  O  S  S  B  C  I  M  Q  E
```

ABDOMINAL
ALLERGIES
BACTÉRIEN
CORPS
OS
CHRONIQUE
CONTAGIEUX
GÉNÉTIQUE
SANTÉ
CŒUR

IMMUNITÉ
INFLAMMATION
LOMBAIRE
NEUROPATHIE
PATHOGÈNES
RESPIRATOIRE
SYNDROME
THÉRAPIE
FAIBLE

41 - Buildings

```
S U P E R M A R C H É C T L U X
U N I V E R S I T É W I H Y S Q
B Q E D Y C L G F S D N É O I Q
O Q I X B S Z E Y N M É Â E N M
C N K M V C A B I N E M T R E K
D G R Q U A E T Â H C A R I T H
F F G H R S U K G H D R E O N W
C E H I I A É Y L J Z H Ô T E L
P S R S F M C E L O C É J A M H
G W I M L B N T G O R A L R E Ô
T O U R E A B N M N H R X O T P
P D B Y V S M E W Y A C T B R I
M E Z B E S X T X U M R L A A T
E R I O T A V R E S B O G L P A
S T A D E D I V V L B W Q I P L
L R G B S E C L Y B K L D J A F
```

APPARTEMENT
GRANGE
CABINE
CHÂTEAU
CINÉMA
AMBASSADE
USINE
FERME
HÔPITAL
HÔTEL

LABORATOIRE
MUSÉE
OBSERVATOIRE
ÉCOLE
STADE
SUPERMARCHÉ
TENTE
THÉÂTRE
TOUR
UNIVERSITÉ

42 - Philanthropy

```
P  F  W  O  Y  Y  C  B  N  C  O  E  H  H  P  J
F  I  N  A  N  C  E  E  F  O  Q  S  O  U  R  E
C  M  M  N  O  I  S  S  I  M  S  N  N  M  O  U
S  O  I  E  O  P  I  O  S  M  Y  J  N  A  G  N
F  F  N  G  T  R  F  I  O  U  D  B  Ê  N  R  E
V  H  A  T  E  B  É  N  L  N  K  E  T  I  A  S
Q  H  X  U  A  N  D  H  X  A  O  R  E  T  M  S
S  S  D  N  B  C  S  S  T  U  B  I  T  É  M  E
Z  M  L  Q  S  O  T  A  X  T  O  O  É  K  E  R
C  H  A  R  I  T  É  S  R  É  Z  T  L  M  S  A
G  É  N  É  R  O  S  I  T  É  N  S  G  G  X  M
M  L  Y  J  M  D  X  L  O  C  P  I  K  O  C  B
O  N  L  F  O  N  D  S  T  B  G  H  A  J  E  X
D  K  Q  C  P  U  B  L  I  C  X  X  G  F  I  O
E  N  F  A  N  T  S  E  P  U  O  R  G  H  R  U
U  I  U  H  Q  T  P  A  W  Y  U  K  V  T  K  E
```

DÉFIS
CHARITÉ
ENFANTS
COMMUNAUTÉ
CONTACTS
FINANCE
FONDS
GÉNÉROSITÉ
GLOBAL
BUTS

GROUPES
HISTOIRE
HONNÊTETÉ
HUMANITÉ
MISSION
BESOIN
GENS
PROGRAMMES
PUBLIC
JEUNESSE

43 - Gardening

```
T U Y A U F E U I L L E V W B T
C O M P O S T F F Z R Q S X O B
H J W U G F C I B T M W H A T J
T S E E B L V I A B K C Z U A H
E K Y E W E C T E U Q U O B N B
Q C A G F U D M S U W É O S I E
O X F A S R T C P B Q T M G Q L
D N B L R A W H È P N I N D U B
E A U L O K I K C U U D T J E I
W M Q I F R R S E S M I A O G T
G X R U D E A R O Q W M M D X S
J T J E J G S L U N I U I I B E
S J V F I R W O P S N H L X V M
O M D E L E T N E I P I C É R O
L X L I Z V M N Q A M J E G A C
G R A I N E S S A L E T É R D I
```

FLEUR

BOTANIQUE

BOUQUET

CLIMAT

COMPOST

RÉCIPIENT

SALETÉ

COMESTIBLE

EXOTIQUE

FLORAL

FEUILLAGE

TUYAU

FEUILLE

HUMIDITÉ

VERGER

SAISONNIER

GRAINES

SOL

ESPÈCE

EAU

44 - Herbalism

```
B O C A N O G A R T S E T I K X
É S U R Q A V F V J X V Y F J B
N F L O P E R S I L P E F I Z A
É G I M P N H F K T I R H M V S
F N N A G I R O A I A T R Q W I
I O A T P I U I V S M F R B Q L
Q R I I W Q E S K R U E V A S I
U S R Q S N L K M M J V N A T C
E B E U L I F Z E U M X F T Y J
R T D E I N G R É D I E N T H D
O E N I A L O J R A M A I N A E
M M A A U M X U L T S V D O I E
A P V G L I U O N E F P R K E J
R P A Z A P S Y D S K N A I A G
I D L S J N Y J W I N G J W Y D
N U I M Z U T X L A X J W T W F
```

AROMATIQUE	INGRÉDIENT
BASILIC	LAVANDE
BÉNÉFIQUE	MARJOLAINE
CULINAIRE	MENTHE
FENOUIL	ORIGAN
SAVEUR	PERSIL
FLEUR	PLANTE
JARDIN	ROMARIN
AIL	SAFRAN
VERT	ESTRAGON

45 - Flowers

```
E  P  I  L  U  T  G  G  G  D  U  Q  S  N  F  S
D  U  Z  B  L  X  V  V  A  I  L  O  N  G  A  M
N  P  V  E  L  O  S  E  N  R  U  O  T  Z  G  J
A  J  N  X  K  I  W  X  E  É  D  I  H  C  R  O
V  N  I  D  J  E  T  U  J  D  W  É  G  G  N  X
A  D  M  A  R  G  U  E  R  I  T  E  N  T  H  Q
L  Y  S  U  C  S  I  B  I  H  R  P  K  I  L  F
D  H  A  G  S  I  Q  Z  Z  C  V  H  S  L  A  B
I  N  J  B  N  Y  P  E  L  L  I  U  Q  N  O  J
B  O  U  Q  U  E  T  U  P  É  T  A  L  E  H  X
Q  U  D  V  Z  Q  O  F  V  U  H  G  J  S  Q  Z
A  R  R  Z  H  S  V  H  H  C  Y  E  L  S  P  I
H  V  D  Y  M  R  A  T  R  È  F  L  E  I  T  U
U  P  H  Z  A  I  P  L  F  N  W  G  V  P  T  J
P  L  U  M  E  R  I  A  I  P  I  V  O  I  N  E
O  P  U  G  R  W  E  R  O  L  F  I  S  S  A  P
```

BOUQUET	LYS
TRÈFLE	MAGNOLIA
JONQUILLE	ORCHIDÉE
MARGUERITE	PASSIFLORE
PISSENLIT	PIVOINE
GARDÉNIA	PÉTALE
HIBISCUS	PLUMERIA
JASMIN	PAVOT
LAVANDE	TOURNESOL
LILAS	TULIPE

46 - Health and Wellness #1

```
T  C  L  L  S  B  E  S  T  R  K  A  D  T  L  L
I  H  O  S  U  R  I  V  R  W  X  K  C  L  Y  C
F  H  É  H  R  N  E  X  A  G  V  D  T  T  R  W
R  H  A  R  M  E  U  Q  I  N  I  L  C  B  I  B
A  V  C  U  A  E  P  E  T  I  V  M  C  Q  M  F
C  E  P  E  C  P  A  S  E  L  C  S  U  M  E  R
T  Z  R  T  T  Q  I  V  M  I  A  F  S  F  Z  E
U  J  J  U  B  Y  E  E  N  O  M  R  O  H  L
R  E  L  A  I  A  I  D  N  J  S  É  E  N  L  A
E  X  G  H  U  E  C  U  T  Z  B  D  R  M  R  X
N  E  R  F  S  S  A  T  T  U  J  E  I  F  B  A
R  L  C  D  Q  B  M  I  É  Q  X  C  P  O  R  T
U  F  L  M  M  J  R  B  S  R  O  I  S  E  P  I
G  É  Z  Z  Z  L  A  A  J  K  I  N  E  F  M  O
I  R  G  C  X  B  H  H  B  M  N  E  R  G  G  N
S  M  L  O  S  N  P  A  W  V  N  Y  S  H  I  Q
```

ACTIF	MUSCLES
BACTÉRIES	NERFS
OS	PHARMACIE
CLINIQUE	RÉFLEXE
MÉDECIN	RELAXATION
FRACTURE	PEAU
HABITUDE	THÉRAPIE
HAUTEUR	RESPIRER
HORMONE	TRAITEMENT
FAIM	VIRUS

47 - Antarctica

```
T G C O N S E R V A T I O N U E
E L E M L C Z I N I H M X Q S N
M A D O T G C O X Z G K X Q M V
P C S C I E N T I F I Q U E H I
É I G É O G R A P H I E I A B R
R E C A L G P É N I N S U L E O
A R N R U E H C R E H C N M I N
T S U M I U L Y C M J J S I H N
U M A F E Q Z J X A P L R G P E
R B G T K X U A E S I O O R A M
E Q E I E M U E Q J E B C A R E
E X P É D I T I O N A Y H T G N
E K K A J Q I N Î D U F E I O T
C O N T I N E N T L A K U O P W
B V H M T B L Q P K E M X N O C
N G A L L G W P K C L S Q Z T A
```

BAIE
OISEAUX
NUAGE
CONSERVATION
CONTINENT
CRIQUE
ENVIRONNEMENT
EXPÉDITION
GÉOGRAPHIE
GLACIERS

GLACE
ÎLES
MIGRATION
PÉNINSULE
CHERCHEUR
ROCHEUX
SCIENTIFIQUE
TEMPÉRATURE
TOPOGRAPHIE
EAU

48 - Ballet

```
L  J  O  É  X  H  D  K  Q  H  R  W  I  C  O  B
E  L  Y  T  S  L  U  A  K  B  O  X  I  O  R  X
Ç  Q  X  I  X  B  G  K  N  K  F  K  L  L  C  B
O  O  T  S  X  O  Z  Y  J  S  Y  X  U  P  H  K
N  O  P  N  X  A  Z  H  K  V  E  E  T  S  E  G
S  C  Y  E  F  N  W  N  H  X  R  U  E  F  S  R
T  N  F  T  R  Y  T  H  M  E  É  U  R  I  T  A
A  S  P  N  Z  A  B  G  X  C  P  P  T  S  R  C
A  O  Q  I  P  U  B  L  I  C  É  R  E  S  E  I
M  U  S  I  Q  U  E  O  R  O  T  A  C  E  Q  E
B  A  L  L  E  R  I  N  E  L  I  T  H  R  Y  U
A  R  T  I  S  T  I  Q  U  E  T  I  N  P  G  X
M  U  S  C  L  E  S  W  Z  Z  I  Q  I  X  T  X
C  O  M  P  É  T  E  N  C  E  O  U  Q  E  Y  O
E  B  I  M  C  T  F  N  O  S  N  E  U  Z  O  Q
C  H  O  R  É  G  R  A  P  H  I  E  E  N  H  Z
```

ARTISTIQUE	MUSCLES
PUBLIC	MUSIQUE
BALLERINE	ORCHESTRE
CHORÉGRAPHIE	PRATIQUE
DANSEURS	RÉPÉTITION
EXPRESSIF	RYTHME
GESTE	COMPÉTENCE
GRACIEUX	STYLE
INTENSITÉ	TECHNIQUE
LEÇONS	

49 - Fashion

```
D B E M L E O A D S E R U S E M
U E R U T X E T N T D E M T T Z
V S N O T U O B S Y Q H I N S F
W I J T D F O X J L C C N E E O
O C X G E E T Q E E O L I M D K
Y B Q Y M L R U H L N O M E O V
X Q E L Q L L I V B F U A T M P
U N M C O G K E E A O S L Ê O G
O R I G I N A L M D R L I V X Q
T L P N B W Z È O R T V S T E É
Q D J W F H D D D O A E T I B L
C V L X H Y G O E B B A E S T É
V C H B D W P M R A L G W S F G
T E N D A N C E N E E C V U Q A
O M J U P O Y J E P F X B A P N
B O U T I Q U E U Q I T A R P T
```

ABORDABLE
BOUTIQUE
BOUTONS
VÊTEMENTS
CONFORTABLE
ÉLÉGANT
BRODERIE
CHER
TISSU
DENTELLE

MESURES
MINIMALISTE
MODERNE
MODESTE
ORIGINAL
MODÈLE
PRATIQUE
STYLE
TEXTURE
TENDANCE

50 - Human Body

```
C O J I C R K Y C J Y D S E O G
O P V Z E H J B O Z A T N F J E
U M A I N X Z U U A E V R E C N
D L E R I O H C Â M T N U L F O
E L L I E R O B Z S Ê Z Œ U R U
G X L F B P Y C O F T F C A W A
A G I W M F D L R U G K D P E E
S E V Z A Q Y O L P C P X É R P
I O E S J O H W L R O H G K V P
V Y H L A N N W Z O Y C E W O G
W A C B N D I E M E N T O N G E
H J M C U L E Z W A T G F V S P
Y T X L N V N U E A B I A L A Q
X Z C B Q P G L O K I O N F N Q
T Z U U M V T L C F D D C D G Q
L M O U W K X R F O Q Q Z M I O
```

CHEVILLE   TÊTE
SANG   CŒUR
OS   MÂCHOIRE
CERVEAU   GENOU
MENTON   JAMBE
OREILLE   BOUCHE
COUDE   COU
VISAGE   NEZ
DOIGT   ÉPAULE
MAIN   PEAU

51 - Musical Instruments

```
Z  F  X  G  C  A  R  I  L  L  O  N  S  M  D  G
L  L  U  O  V  I  O  L  O  N  K  I  B  P  I  I
H  Û  J  N  V  Z  B  K  M  O  I  W  A  D  L  Q
A  T  U  G  E  E  L  L  E  C  N  O  L  O  I  V
U  E  I  E  W  M  G  J  R  U  O  B  M  A  T  S
T  E  N  O  H  P  O  X  A  S  I  D  O  X  M  Z
B  T  O  O  P  Q  R  E  T  T  E  P  M  O  R  T
O  T  I  I  S  I  W  I  I  V  Y  R  H  J  J  T
I  E  S  P  W  S  A  V  U  Z  V  U  A  L  D  P
S  N  S  X  C  U  A  N  G  B  A  M  R  X  K  S
T  I  U  A  Q  W  I  B  O  T  Q  U  P  D  C  X
Z  R  C  S  X  J  D  A  W  J  T  E  E  D  Y  H
M  A  R  I  M  B  A  N  I  R  U  O  B  M  A  T
F  L  E  Z  V  J  C  J  A  W  G  Z  X  F  V  G
L  C  P  P  U  I  A  O  G  O  B  T  G  C  D  I
M  A  N  D  O  L  I  N  E  N  O  B  M  O  R  T
```

BANJO	MANDOLINE
BASSON	MARIMBA
VIOLONCELLE	HAUTBOIS
CARILLONS	PERCUSSION
CLARINETTE	PIANO
TAMBOUR	SAXOPHONE
FLÛTE	TAMBOURIN
GONG	TROMBONE
GUITARE	TROMPETTE
HARPE	VIOLON

52 - Fruit

```
I  X  Z  D  E  Y  A  P  A  P  S  J  D  E  F  W
E  G  Y  N  R  N  Y  B  N  Z  Y  X  L  O  R  Q
K  N  M  W  C  O  E  V  R  W  I  A  J  Z  A  I
Z  J  K  U  C  C  S  T  X  I  W  I  K  X  M  Q
S  L  O  J  I  P  O  M  M  E  C  F  C  G  B  T
V  A  R  N  T  A  C  O  V  A  M  O  B  C  O  F
D  E  N  I  R  A  T  C  E  N  M  C  T  E  I  C
G  Y  J  A  O  D  N  L  U  O  G  O  J  R  S  J
S  X  J  I  N  F  G  Z  G  L  B  C  N  I  E  N
B  E  U  G  N  A  M  K  I  E  M  E  T  S  E  Q
N  V  G  L  J  F  Y  J  F  M  R  D  I  E  E  W
B  A  N  A  N  E  R  I  O  P  A  X  G  A  K  F
H  Y  E  W  V  A  B  Q  I  N  I  I  S  T  B  Z
N  O  P  Ê  C  H  E  A  I  O  S  O  K  U  B  G
E  G  F  A  H  S  A  Y  V  F  I  N  E  I  B  T
B  L  S  G  J  K  L  L  I  E  N  E  L  K  R  F
```

POMME	KIWI
ABRICOT	CITRON
AVOCAT	MANGUE
BANANE	MELON
BAIE	NECTARINE
CERISE	PAPAYE
NOIX DE COCO	PÊCHE
FIGUE	POIRE
RAISIN	ANANAS
GOYAVE	FRAMBOISE

53 - Engineering

```
E  E  U  L  E  T  U  U  M  D  V  C  Q  I  C  D
G  W  J  E  R  U  S  E  M  O  G  Y  W  C  A  I
V  D  Q  V  A  G  D  Q  A  O  T  A  Y  X  L  E
T  É  T  I  L  I  B  A  T  S  C  E  F  K  C  S
D  V  Y  E  É  N  E  R  G  I  E  F  U  K  U  E
U  I  T  R  A  N  G  L  E  Y  K  X  O  R  L  L
R  D  S  S  E  G  A  N  E  R  G  N  E  R  T  N
N  O  I  T  C  U  R  T  S  N  O  C  E  D  C  Z
C  K  F  E  R  U  T  C  U  R  T  S  C  I  V  E
D  K  E  N  O  I  S  L  U  P  O  R  P  A  I  N
E  F  H  D  N  H  B  J  Z  U  N  C  F  M  X  I
M  A  C  H  I  N  E  U  Z  P  E  V  Z  È  Z  V
S  J  B  F  V  J  A  H  T  O  A  B  J  T  F  X
D  I  A  G  R  A  M  M  E  I  V  B  J  R  Q  E
P  R  O  F  O  N  D  E  U  R  O  R  S  E  H  H
D  V  Z  G  L  I  Q  U  I  D  E  N  A  X  E  T
```

ANGLE	ENGRENAGES
AXE	LEVIERS
CALCUL	LIQUIDE
CONSTRUCTION	MACHINE
PROFONDEUR	MESURE
DIAGRAMME	MOTEUR
DIAMÈTRE	PROPULSION
DIESEL	STABILITÉ
DISTRIBUTION	FORCE
ÉNERGIE	STRUCTURE

54 - Kitchen

```
Q C N L R C W L T Z G J K R B C
L Z C R D T R U O F G R L W O U
G G E U Q V R U U D K F I Z U I
S C S E T T E H C R U O F L I L
P D P T G E R K X H Z Z C E L L
T K Y A S O S T I G E X T Y L È
B O L R U E T A L É G N O C O R
D Z W É I G R E C E T T E G I E
Y I D G B N Y T F C G R Q N R S
Z X J I C O U T E A U X D O E P
I J Z R V P S E O T A S S E S L
X D B F P É O I V P D Z K R C O
U R H É M C K V T A B L I E R U
G G E R U T I R R U O N G A L C
G C I F P H S E T T E U G A B H
B F E C C P J S E C I P É A W E
```

TABLIER
BOL
BAGUETTES
TASSES
NOURRITURE
FOURCHETTES
CONGÉLATEUR
GRIL
POT
CRUCHE

BOUILLOIRE
COUTEAUX
LOUCHE
SERVIETTE
FOUR
RECETTE
RÉFRIGÉRATEUR
ÉPICES
ÉPONGE
CUILLÈRES

55 - Government

```
C  I  V  I  L  P  O  F  O  J  I  C  B  É  Z  T
D  I  S  C  U  S  S  I  O  N  N  O  I  T  A  N
P  O  L  I  T  I  Q  U  E  M  P  N  C  I  D  E
J  S  Y  M  B  O  L  E  W  G  A  S  H  L  I  M
L  U  O  V  X  W  E  D  M  U  I  T  E  A  S  U
Y  I  S  É  T  A  T  E  B  S  S  I  C  G  C  N
Z  A  B  T  L  E  A  D  E  R  I  T  N  É  O  O
X  Z  H  E  I  D  R  S  K  T  B  U  A  E  U  M
I  C  V  D  R  C  D  I  R  N  L  T  D  L  R  K
I  Q  P  B  A  T  E  L  A  E  E  I  N  G  S  C
P  P  D  H  J  U  É  D  I  I  G  O  E  W  H  M
D  É  M  O  C  R  A  T  I  E  C  N  P  J  C  X
H  T  S  M  G  W  X  C  X  Z  Z  I  É  K  L  L
C  O  N  T  E  S  T  A  T  I  O  N  D  Y  O  X
P  V  R  O  U  D  G  K  M  G  A  P  N  U  I  K
N  G  Y  É  T  E  N  N  E  Y  O  T  I  C  J  M
```

CITOYENNETÉ
CIVIL
CONSTITUTION
DÉMOCRATIE
DISCUSSION
CONTESTATION
ÉGALITÉ
INDÉPENDANCE
JUDICIAIRE
JUSTICE

LOI
LEADER
LIBERTÉ
MONUMENT
NATION
PAISIBLE
POLITIQUE
DISCOURS
ÉTAT
SYMBOLE

56 - Art Supplies

```
S Y C H A I S E L I G R A R W M
U M Z B K R E R L E C T V A X P
U U H H V U É C O I J P S G G A
G Y X R V D D N X P U A E M L P
L W K A N V I E Q B S H S B I I
C R A Y O N S L H F Z S S H C E
P Z Y A W G E L W C Y E O S A R
Z E A Y M O C O U L E U R S M C
F U I Q X M O C X Y E D B U É H
K Q C N M M T M X Y O M F D R A
H I G M T E L A V E H C P R A R
L L F P D U E M Q T H L T T J B
V Y K K C A R N F F D D L V C O
K R T S E L L E R A U Q A I H N
B C L Z R T A B L E B O F A X Q
S A S M B C R É A T I V I T É C
```

ACRYLIQUE	COLLE
BROSSES	IDÉES
CAMÉRA	ENCRE
CHAISE	HUILE
CHARBON	PEINTURE
ARGILE	PAPIER
COULEURS	CRAYONS
CRÉATIVITÉ	TABLE
CHEVALET	EAU
GOMME	AQUARELLES

57 - Science Fiction

```
C W F L P G O H L G L E N N N E
A L V R L N R B K H P I D J U U
Q G O C T S A I C I L X V J G Q
H L H N Z T C G V M A A A R V I
P D I L E C L T Y A N L T M E T
Z L Z B G S E O M G È A O R I S
E X P L O S I O N I T G M B P A
C I N É M A Q H L N E L I X O T
I V Q Z Y G D O O A I W Q D T N
F U T U R I S T E I P W U I S A
I L L U S I O N M R O A E M Y F
M V J L L H L U Ê E T S P A D G
Y O J F L Q R R R O U P H X T L
T U N U T F E U T W R O B O T S
K J Q D M P D C X L A G B E B E
Z C H A E E X U E I R É T S Y M
```

ATOMIQUE	GALAXIE
LIVRES	ILLUSION
CINÉMA	IMAGINAIRE
CLONES	MYSTÉRIEUX
DYSTOPIE	ORACLE
EXPLOSION	PLANÈTE
EXTRÊME	ROBOTS
FANTASTIQUE	UTOPIE
FEU	MONDE
FUTURISTE	

58 - Geometry

```
P A R A L L È L E N C S P H D T
H M A S S E X W C O O Y R L I R
N O I T A U Q É A M U M O N A I
V R R U A I E S F B R É P X M A
E U Q I G O L Z R R B T O L È N
K E J T Z T U C U E E R R N T G
N T G M C O H X S Y Q I T C R L
M U P Q X M N É A Y J E I E E E
É A K Q E S O T O Y D E O R N O
D H C L M G I R A R A V N C C V
I Q V B N B S Z F L I N Y L H P
A T B D U S N G S W M E G E L Z
N W M S W M E C A L C U L L S U
W C U T N E M G E S B J A G E P
D O S Z P V I O I R X K K R Y L
R Z Y X Q Z D Y N N J Z Y M D B
```

ANGLE
CALCUL
CERCLE
COURBE
DIAMÈTRE
DIMENSION
ÉQUATION
HAUTEUR
HORIZONTAL
LOGIQUE

MASSE
MÉDIAN
NOMBRE
PARALLÈLE
PROPORTION
SEGMENT
SURFACE
SYMÉTRIE
THÉORIE
TRIANGLE

59 - Creativity

```
E C N E T É P M O C I I F A T B
M U P R W M L H C F N N Q B T I
Q D S I T O E U Q I T S I T R A
I Z F P B T Q Z B T U P E T B O
S N O I S I V U T N I I G É R N
M I T C S O C Z W E T R A N D O
J N B E G N E A F V I A M A W I
A J N Y N S M X U N O T I T G T
Y T D W N S Q K P I N I F N Y A
T Q W U N R I Z N R M O L O C S
P E G Q O O Z T O N E N M P T N
F L U I D I T É É E V S V S G E
I M A G I N A T I O N Z S X S S
A U T H E N T I C I T É N I A P
I M P R E S S I O N Y H Q D O R
Z L W D W L B C L A R T É N R N
```

ARTISTIQUE	IMPRESSION
AUTHENTICITÉ	INSPIRATION
CLARTÉ	INTENSITÉ
ÉMOTIONS	INTUITION
EXPRESSION	INVENTIF
FLUIDITÉ	SENSATION
IDÉES	COMPÉTENCE
IMAGE	SPONTANÉ
IMAGINATION	VISIONS

60 - Airplanes

```
J N H C T S B D A X V V A H É H
L U K L E L V A S P S S V D Q É
P A S S A G E R L E I C E E U L
H Y D R O G È N E L Y Y N S I I
P Z X U W F W P T R O T T C P C
N M I E A V I P O Z M N U E A E
N T F T R L U O L R X A R N G S
L N T U P G T G I K S Q E T E D
E A J A L C A I P D V Q A E J E
E R È H P S O M T A B T Q I I S
Y U C Y E C N E L U B R U T R I
E B A J M F A X Q A D W K H U G
A R V N I C T B X C H E M Y E N
E A I I E G A S S I R R E T T A
W C O N S T R U C T I O N F O P
H I S T O I R E Y X R J E N M D
```

AVENTURE
AIR
ALTITUDE
ATMOSPHÈRE
BALLON
CONSTRUCTION
ÉQUIPAGE
DESCENTE
DESIGN
MOTEUR

CARBURANT
HAUTEUR
HISTOIRE
HYDROGÈNE
ATTERRISSAGE
PASSAGER
PILOTE
HÉLICES
CIEL
TURBULENCE

61 - Ocean

```
R X X B A H V C L J P U P F X A
E T H O N U Q M P N O S S I O P
Q F I D Q Î K C J Y U B W C V M
U C L Y U T Z M Z T L E S É U É
I B É T T R A B A B P J T R B D
N A P C T E O Y G R E B A R C U
I L O G O Q Q E Q H É T Q O U S
H E N G W R R A A A F E A N M E
P I G F T R A S E E H T S A N T
U N E I O O K I L H T T L F S V
A E T M Q C R D L E D E V N R O
D O Ê G C E T T I M E V Y P G P
N Y P A L G U E U I W E H W K Y
D J M C H P T O G E K R U V L Y
H D E Z X G Z F N B T C Q X C J
Q Z T A R D N V A G U E S D A D
```

CORAIL   ALGUE
CRABE   REQUIN
DAUPHIN   CREVETTE
ANGUILLE   ÉPONGE
POISSON   TEMPÊTE
MÉDUSE   MARÉES
POULPE   THON
HUÎTRE   TORTUE
RÉCIF   VAGUES
SEL   BALEINE

62 - Force and Gravity

```
P  N  Z  D  D  W  P  R  O  P  R  I  É  T  É  S
O  N  Y  D  Y  É  P  H  Y  S  I  Q  U  E  W  G
I  Q  E  D  F  N  C  V  I  T  E  S  S  E  M  L
D  M  H  M  W  W  A  O  R  Q  X  P  B  E  C  D
S  H  I  Y  R  Q  D  M  U  S  A  M  O  D  X  E
P  R  E  S  S  I  O  N  I  V  I  E  N  O  A  K
M  É  C  A  N  I  Q  U  E  Q  E  T  I  B  R  O
K  H  F  R  I  C  T  I  O  N  U  R  Z  V  D  A
P  M  A  G  N  É  T  I  S  M  E  E  T  F  I  C
C  E  N  T  R  E  H  C  P  S  E  F  Z  E  S  C
F  B  V  N  O  I  S  N  A  P  X  E  N  H  T  É
M  A  G  N  I  T  U  D  E  P  Q  B  P  B  A  L
P  A  N  V  D  U  Q  C  P  Z  M  Y  W  J  N  É
M  K  L  F  B  L  E  S  R  E  V  I  N  U  C  R
W  K  E  H  N  Z  L  S  N  A  D  V  J  W  E  E
V  S  U  D  L  A  Y  W  Y  L  H  L  Q  Z  B  R
```

AXE	MÉCANIQUE
CENTRE	ORBITE
DÉCOUVERTE	PHYSIQUE
DISTANCE	PRESSION
DYNAMIQUE	PROPRIÉTÉS
EXPANSION	VITESSE
FRICTION	TEMPS
IMPACT	ACCÉLÉRER
MAGNÉTISME	UNIVERSEL
MAGNITUDE	POIDS

63 - Birds

```
K K T J Z B P N O R É H B T C P
P R C K E P T O H C N A M P X É
D Z A M I Q O A U R U Q L L I L
Z I N Z Y G A P A L X U A A V I
M U A U Z U X H E W E N G Y C C
A B R A K W H S B I B T D S E A
V I I F N F W E R R M G C H E N
E N G O G I C R O U O C U O C A
H X D L M A E R C B L I A O T C
E I K C E I M I I N O X E E E U
A U T R U C H E C M C P N U D O
T Y D Y M Q I S W J O T I F R T
P E R R O Q U E T Z S T O T A Y
G I R O G I P U F F L A M A N T
Y X G S W Y T Q X J S V P C A R
R I D B Q N Q Q E N J A V X C G
```

CANARI	HÉRON
POULET	AUTRUCHE
CORBEAU	PERROQUET
COUCOU	PAON
COLOMBE	PÉLICAN
CANARD	MANCHOT
AIGLE	MOINEAU
OEUF	CIGOGNE
FLAMANT	CYGNE
OIE	TOUCAN

64 - Art

```
B B O G C O Z A Y R Z S C S C G
A N S K L É O M R Z W Y O U O H
S I M P L E R Y Z V D M M R M D
T D H W J Q I A P N D B P R P O
A D Y C D Y U L M O N O L É O R
D É P E I N D R E I P L E A S I
L E N N O S R E P S Q E X L I G
P T R F I G U R E S H U E I T I
E Ê T U W A M S I E C R E S I N
I N P D T E J U S R V R K M O A
N N I N S P I R É P I U É E N L
T O S B C L L T O X S E H E B E
U H Z W B K H U P E U M D E R L
R G U T B Q X E C Y E U W X S D
E C D G E X B K Y S L H M M W Z
S D M K G V L X T J B G C S N X
```

CÉRAMIQUE   PEINTURES
COMPLEXE   PERSONNEL
COMPOSITION   POÉSIE
CRÉER   DÉPEINDRE
EXPRESSION   SCULPTURE
FIGURE   SIMPLE
HONNÊTE   SUJET
INSPIRÉ   SURRÉALISME
HUMEUR   SYMBOLE
ORIGINAL   VISUEL

65 - Nutrition

```
C E K V G Y S I N V Z P É C Z I
A O I C Q H A D I G E S T I O N
M K M B K R V W A E N E I C L X
A I C E X E E K S I I D L D Z X
X P J E S T U X X Y X U A X S N
S C P Z R T R K F P O T U P M U
A T K É O V I X D S T I Q H R T
A M E R T Y M B A E C B D V R R
C I S E D I C U L G G A Q C M I
R Q I M O F T J F E U H J J D T
P O I D S O P R O T É I N E S I
S E I R O L A C L T Y P C H F F
N A S A N T É É Q U I L I B R É
F S U D I È T E Q H L W H L K Y
O R Y C F E R M E N T A T I O N
R P E I E N I M A T I V C Z L O
```

APPÉTIT
ÉQUILIBRÉ
AMER
CALORIES
GLUCIDES
DIÈTE
DIGESTION
COMESTIBLE
FERMENTATION
SAVEUR

HABITUDES
SANTÉ
SAIN
NUTRITIF
PROTÉINES
QUALITÉ
SAUCE
TOXINE
VITAMINE
POIDS

66 - Hiking

```
L V D E Z P P D Q J L I E L O S
T C L I M A T W D R O S A Y I Z
P A R C S R I X L X U A M I N A
M N O I T A T N E I R O Y F O P
X O D Q Z I J J T R D H T S A R
P K N E U M K Z R H U S W R E É
W I U T E N B F A L E T Q E S P
Y R E Y A P U R C U F Z A G A A
M N S R Z G F A T I G U É N U R
U T N M R L N K G C D O Q A V A
V O J L E E F E K S E Y L D A T
B O T T E S S E D I U G Z P G I
F W X N I F F L R R W R W G E O
V C A M P I N G E S I A L A F N
Z D J B Z Z O H A L V X I O S Z
S O M M E T R V U E A D L Z R R
```

ANIMAUX
BOTTES
CAMPING
FALAISE
CLIMAT
GUIDES
DANGERS
LOURD
CARTE
MONTAGNE

NATURE
ORIENTATION
PARCS
PRÉPARATION
PIERRES
SOMMET
SOLEIL
FATIGUÉ
EAU
SAUVAGE

67 - Professions #1

```
B A N Q U I E R D T P W P A I O
E N T R A Î N E U R I T L J N Y
N E I C I S U M B U A A O G F P
F U U O A F I D T E N I M É I S
A O S B H R V M P T I L B O R Y
A V A D R Q T Q U I S L I L M C
M S O S C W M O R D T E E O I H
B L G C J N É T G É E U R G È O
A C F J A Y D V Y R X R W U R L
S Z H X E T E A K R A O J E E O
S G C A D Z C S R F Z P E X P G
A G O D S F I M A R I N H O P U
D M R U E S N A D R E O P E R E
E J P H B K E A S T R O N O M E
U P U R E I T U O J I B Y C B E
R V E R I A N I R É T É V I Q D
```

AMBASSADEUR
ASTRONOME
AVOCAT
BANQUIER
CARTOGRAPHE
ENTRAÎNEUR
DANSEUR
MÉDECIN
ÉDITEUR
GÉOLOGUE

CHASSEUR
BIJOUTIER
MUSICIEN
INFIRMIÈRE
PIANISTE
PLOMBIER
PSYCHOLOGUE
MARIN
TAILLEUR
VÉTÉRINAIRE

68 - Barbecues

```
I E L L I M A F L H T E L U O P
S R A V N A L M W R O I B O A R
É U N O X X S I N H M O Y L Q A
N T C O U T E A U X A M B G E U
N I É Z E I T F E A T X R S X G
K R P H J U T J F W E C Y E F X
J R M N O R E N Î D S B H D Z R
E U M K L F H A U R Y H G A T N
N O C F A N C M S N U C C L U L
F N I N Q B R F E A R V O A D D
A H V W T M U O M E U Q I S U M
N J X U L J O A U A M C L I R G
T L J A V O F W G W T Z E M H D
S E U X Y A W K É G Q X S A I C
M X X Y B A U P L E B R M X F N
L B H M M T M I S C G F L T L B
```

POULET	CHAUD
ENFANTS	FAIM
DÎNER	COUTEAUX
FAMILLE	MUSIQUE
NOURRITURE	SALADES
FOURCHETTES	SEL
AMIS	SAUCE
FRUIT	ÉTÉ
JEUX	TOMATES
GRIL	LÉGUMES

69 - Chocolate

```
S N O I X D E C O C O N L A F O
B U C X J P U X G Z G C A C A O
S O C Z T J Q X X P Y H N C X R
A D N R Y Z I I X I U C A A C E
V H H B E É T I L A U Q S C A C
E S A N O G O O E U W P I A L E
U J C E H N X Q G A J L T H O T
R G O Û T S E M Ô R A X R U R T
I N G R É D I E N T F A A È I E
D N H O Q F A V O R I M I T E Y
Z O C A R A M E L H E E U E S E
D Q U J N E G N B G N R E S R S
K B R X U E I C I L É D P V M V
A N T I O X Y D A N T Q T Z D T
M H Q V Q T C U Y N U T A D A H
I Y C T D F X R U L S F K V X Z
```

ANTIOXYDANT
ARÔME
ARTISANAL
AMER
CACAO
CALORIES
BONBON
CARAMEL
NOIX DE COCO
DÉLICIEUX

EXOTIQUE
FAVORI
SAVEUR
INGRÉDIENT
CACAHUÈTES
QUALITÉ
RECETTE
SUCRE
DOUX
GOÛT

70 - Boats

```
K U U I N R N N E V E O O B D U
V A C L P X H Z I W O J C O X K
C E Y R R E F R S W Q M É U J Q
I D W A Z V K J V N D S A É O I
M A A U K U I E L I M Z N E B N
D R X O G E Y A C H T L M R A X
V N R Z T L T K I L U S E C X J
A M W K L F Q W N A D A D N H D
P E G A P I U Q É C T V S A A O
R O D D U V G N V R P Z Z C L C
C M A R I N O N A U T I Q U E K
N J Z E O D W I O T Â A G R Q D
P E C M J C W Z L Q M M A R É E
U T T F U L Q M E I F W A K E F
C A N O Ë B R G R U E T O M P X
I F A V J Z Q A B Y Y R Z W S P
```

ANCRE
BOUÉE
CANOË
ÉQUIPAGE
DOCK
MOTEUR
FERRY
KAYAK
LAC
MÂT

NAUTIQUE
OCÉAN
RADEAU
FLEUVE
CORDE
VOILIER
MARIN
MER
MARÉE
YACHT

71 - Activities and Leisure

```
J F Q T Y F B W W F R P N Y T K
T A N L D Y L C P O E A A M U W
R E R E G A N I B O L S Y B H A
A E N D V I A S A T A S Q A M Q
F É G N I P M A C B X E T S D W
V N Z L I N G C J A A T U K S N
T N I L S S A Q I L N E K E U V
V O Y A G E L G T L T M P T R O
Z D Z B R É D Q E K Z P Ê B F L
M N K E U G Z K J X U S C A L L
U A O S O N X N N N O C H L O E
F R M A E O T X Y I S B E L G Y
Y Q J B G L C O U R S E N W H B
M U P X K P T L D K Z K L C U A
J F H J H I M P E I N T U R E L
L G Q O L B W R H A T U E P J L
```

ART
BASE-BALL
BASKET-BALL
BOXE
CAMPING
PLONGÉE
PÊCHE
JARDINAGE
GOLF
RANDONNÉE

PASSE-TEMPS
PEINTURE
COURSE
RELAXANT
FOOTBALL
SURF
NAGER
TENNIS
VOYAGE
VOLLEY-BALL

72 - Driving

```
V  I  B  X  X  B  I  Z  U  A  R  E  G  N  A  D
J  O  C  A  R  B  U  R  A  N  T  O  U  U  M  E
F  S  I  M  O  T  O  E  N  G  B  Z  U  L  E  P
V  É  K  T  J  I  P  R  O  E  F  O  C  T  G  L
D  C  N  V  U  W  W  D  I  W  I  E  S  W  E  E
C  U  P  I  B  R  Z  F  M  E  F  R  E  I  N  S
A  R  I  T  Y  U  E  G  A  R  A  G  V  L  I  I
R  I  É  E  S  E  A  C  C  I  D  E  N  T  B  A
T  T  T  S  F  T  V  S  Z  O  U  A  Z  X  C  X
E  É  O  S  F  O  C  O  N  D  U  C  T  E  U  R
H  F  N  E  E  M  K  Z  I  P  W  I  T  X  O  P
T  U  N  N  E  L  T  H  H  O  X  F  L  D  A  X
R  P  L  I  C  E  N  C  E  L  N  A  C  P  K  R
O  M  T  R  U  Q  X  W  P  I  R  R  O  Z  T  W
S  Q  M  J  Y  R  I  E  L  C  J  T  C  X  H  K
T  I  P  F  A  Y  R  X  A  E  V  T  G  F  H  I
```

ACCIDENT	MOTEUR
FREINS	MOTO
VOITURE	PIÉTON
DANGER	POLICE
CONDUCTEUR	ROUTE
CARBURANT	SÉCURITÉ
GARAGE	VITESSE
GAZ	TRAFIC
LICENCE	CAMION
CARTE	TUNNEL

73 - Biology

```
A  A  K  F  R  N  O  I  T  A  T  U  M  S  A  P
N  U  H  K  J  E  N  È  G  A  L  L  O  C  Y  R
A  W  S  X  A  U  Y  C  N  A  T  U  R  E  L  O
T  P  E  I  F  R  E  N  D  O  V  F  Y  S  D  T
O  Y  H  K  A  O  J  E  C  Z  Y  Q  W  O  G  É
M  O  G  O  G  N  U  B  Z  Y  F  R  K  I  D  I
I  G  I  K  T  E  L  U  L  L  E  C  B  B  L  N
E  V  Z  G  A  O  K  V  M  C  N  E  P  M  R  E
L  S  I  Q  A  I  S  K  I  D  O  N  W  Y  E  R
I  A  O  J  L  K  T  Y  K  C  M  Z  C  S  S  È
T  U  J  M  K  B  O  J  N  W  R  Y  G  C  P  F
P  K  N  Z  S  M  M  O  Q  T  O  M  R  P  A  I
E  G  T  Z  D  O  L  T  W  J  H  E  I  H  N  M
R  C  H  R  O  M  O  S  O  M  E  È  W  R  Y  M
É  V  O  L  U  T  I  O  N  D  C  U  S  I  S  A
N  Y  U  V  B  A  C  T  É  R  I  E  S  E  W  M
```

ANATOMIE
BACTÉRIES
CELLULE
CHROMOSOME
COLLAGÈNE
EMBRYON
ENZYME
ÉVOLUTION
HORMONE
MAMMIFÈRE

MUTATION
NATUREL
NERF
NEURONE
OSMOSE
PHOTOSYNTHÈSE
PROTÉINE
REPTILE
SYMBIOSE
SYNAPSE

74 - Professions #2

```
I  L  L  U  S  T  R  A  T  E  U  R  Q  B  U  Y
D  B  H  E  V  E  T  S  I  L  A  N  R  U  O  J
P  É  Q  R  L  H  E  T  S  I  G  O  L  O  I  B
I  H  T  W  U  R  U  E  T  N  E  V  N  I  A  P
L  G  F  E  Q  U  T  X  B  G  P  Z  J  A  S  H
O  A  V  T  C  X  I  R  T  U  H  N  W  G  T  O
T  O  Y  S  F  T  U  H  A  I  I  B  P  R  R  T
E  R  S  I  C  A  I  U  Y  S  L  J  E  I  O  O
Y  G  S  T  G  H  D  V  G  T  O  A  I  C  N  G
E  D  P  N  H  I  I  Y  E  E  S  R  N  U  A  R
E  N  S  E  I  G  N  A  N  T  O  D  T  L  U  A
J  S  I  D  K  G  V  L  G  Q  P  I  R  T  T  P
M  É  D  E  C  I  N  I  A  Q  H  N  E  E  E  H
I  N  G  É  N  I  E  U  R  F  E  I  H  U  H  E
C  H  I  R  U  R  G  I  E  N  W  E  T  R  B  B
F  I  U  I  P  S  R  U  E  H  C  R  E  H  C  P
```

ASTRONAUTE

BIOLOGISTE

DENTISTE

DÉTECTIVE

INGÉNIEUR

AGRICULTEUR

JARDINIER

ILLUSTRATEUR

INVENTEUR

JOURNALISTE

LINGUISTE

PEINTRE

PHILOSOPHE

PHOTOGRAPHE

MÉDECIN

PILOTE

CHERCHEUR

CHIRURGIEN

ENSEIGNANT

75 - Emotions

```
E  M  B  A  R  R  A  S  S  É  N  E  V  S  R  T
E  N  N  U  I  D  H  Y  Q  T  U  S  U  U  E  R
S  D  A  Z  Q  O  N  O  J  T  D  S  D  R  C  A
S  K  Y  M  E  S  S  E  R  D  N  E  T  P  O  N
E  R  È  L  O  C  Y  Y  T  Y  E  T  Q  R  N  Q
L  V  A  J  V  U  T  M  Y  M  T  S  L  I  N  U
L  N  Z  L  V  H  R  G  P  M  É  I  B  S  A  I
I  W  Y  X  I  A  R  G  B  A  D  R  Y  E  I  L
T  I  A  F  S  I  T  A  S  W  T  T  N  O  S  L
N  P  B  D  U  H  M  T  D  C  V  H  W  Z  S  I
E  I  N  J  C  A  L  M  E  S  I  C  I  F  A  T
G  J  Q  N  O  P  E  U  R  C  S  Y  A  E  N  É
F  J  Q  K  I  M  N  S  T  V  F  X  I  T  T
P  J  C  K  U  N  E  T  N  O  C  F  Q  L  M  Q
P  A  I  X  M  A  K  H  X  Z  C  O  A  E  Y  T
S  E  X  C  I  T  É  D  R  O  G  Y  E  R  J  Y
```

COLÈRE	AMOUR
ENNUI	PAIX
CALME	DÉTENDU
CONTENU	RELIEF
EMBARRASSÉ	TRISTESSE
EXCITÉ	SATISFAIT
PEUR	SURPRISE
RECONNAISSANT	SYMPATHIE
JOIE	TENDRESSE
GENTILLESSE	TRANQUILLITÉ

76 - Mythology

```
R L T O T R O J D C U L T U R E
C R É A T I O N E T O A Y S R P
T C Q S V L A K R E I R R E U G
L R D Q L O C E P Y T É H C R A
U É E H T N I R Y B A L A N M S
F I G Z X S O R É H S R H A O Y
B I H E X K N E T A Z O B Y R L
P O H Q N J E N Y A T P I O T H
P Q S Z S D Y N Q P T U C R E J
X R B T G M E O W X V Z R C L A
T Z É T I L A T R O M M I E V L
C O M P O R T E M E N T A V C O
V E N G E A N C E R S S L I V U
A C E H P O R T S A T A C D K S
D I V I N I T É S G U C É X S I
M O N S T R E C I E L K R P Y E
```

ARCHÉTYPE
COMPORTEMENT
CROYANCES
CRÉATION
CRÉATURE
CULTURE
DIVINITÉS
CATASTROPHE
CIEL
HÉROS

IMMORTALITÉ
JALOUSIE
LABYRINTHE
LÉGENDE
ÉCLAIR
MONSTRE
MORTEL
VENGEANCE
TONNERRE
GUERRIER

77 - Agronomy

```
R  E  É  O  R  G  A  N  I  Q  U  E  D  U  T  É
K  N  C  J  T  Z  X  O  P  E  G  I  A  N  U  S
G  V  O  X  U  Q  J  I  E  F  Y  G  U  E  B  D
R  I  L  T  A  N  X  T  Y  C  J  R  H  T  Q  O
A  R  O  I  Y  D  B  C  K  N  Y  E  Z  W  C  I
I  O  G  B  A  J  B  U  U  Z  T  N  W  P  H  S
N  N  I  W  A  Q  Q  D  R  V  V  É  L  Y  N  L
E  N  E  K  G  R  N  O  I  S  O  R  É  Z  I  K
S  E  M  U  G  É  L  R  S  Y  S  T  È  M  E  S
I  M  C  S  Z  L  B  P  P  L  A  N  T  E  S  M
A  E  R  N  Q  N  U  P  O  L  L  U  T  I  O  N
R  N  H  L  E  A  G  R  I  C  U  L  T  U  R  E
G  T  H  M  T  I  N  O  U  R  R  I  T  U  R  E
N  E  A  U  L  E  C  N  A  S  S  I  O  R  C  E
E  Y  Y  D  T  X  P  S  R  U  R  A  L  V  M  G
L  M  A  L  A  D  I  E  S  P  F  N  A  R  Y  H
```

AGRICULTURE
MALADIES
ÉCOLOGIE
ÉNERGIE
ENVIRONNEMENT
ÉROSION
ENGRAIS
NOURRITURE
CROISSANCE
ORGANIQUE

PLANTES
POLLUTION
PRODUCTION
RURAL
SCIENCE
GRAINES
ÉTUDE
SYSTÈMES
LÉGUMES
EAU

78 - Hair Types

```
K U V N I X M Z B G I D M F H Y
O P C K B G W N O H P Y W H W X
S A I N L N Z T L B D B X Z J Q
A Q M K A O N D U L É R O L O C
L C Z J N L R O Y C C G J O U D
J A E M C F É W R B L O N D J J
T R E S S E S Q L R K O N K B Y
S B L R R T I D K L A Q S J O T
H O G J A Q R K F Z L M K C Z Y
X U O D D V F E B R I L L A N T
C C M I N C E U S P N V X R E E
H L S A H A S J I S K C S O Y V
A E Z S J L C I A N É N E C M Q
U S I B C W W M P L O J C T G I
V K E L A B K M É S S I R G Z I
E O O V H I B I K S Y T R U O C
```

CHAUVE
NOIR
BLOND
TRESSÉ
TRESSES
MARRON
COLORÉ
BOUCLES
FRISÉ
SEC

GRIS
SAIN
LONG
BRILLANT
COURT
DOUX
ÉPAIS
MINCE
ONDULÉ
BLANC

79 - Garden

```
A T U Y A U B Z S M E D Z P Q G
P I S X K N I U B K E A Z E G A
S F F C W Q A L I X Q C C L B Z
T R O C H E S Y A S F F H O V Z
Q R D Z S L Z A P T S V S U V B
K E A Z A L H P X W A O N S I I
D G P M K E B R E H T C N E G X
T R O S P P K P C É T A N G N I
I E R R L O A R B R E R Y Z E R
A V C Y X B L N R N O F C Q O Â
F X H S F H Y I E S S A R R E T
F L E C E J O D N X F S H Y Y E
O Z E T Q J J R J E M W A B B A
R G U U I K T A E I Z T M K K U
S S I H R I Y J B A N C A P O I
G A R A G E R U T Ô L C C T C M
```

BANC	VERGER
BUISSON	ÉTANG
CLÔTURE	PORCHE
FLEUR	RÂTEAU
GARAGE	ROCHES
JARDIN	PELLE
HERBE	TERRASSE
HAMAC	TRAMPOLINE
TUYAU	ARBRE
PELOUSE	VIGNE

80 - Diplomacy

```
T  J  T  C  V  P  É  T  I  R  U  C  É  S  S  A
I  U  U  O  B  Z  T  T  O  N  Y  F  N  A  O  M
N  S  H  M  J  R  I  I  H  O  I  O  B  G  L  B
R  T  Z  M  D  X  A  L  C  I  M  L  E  O  U  A
É  I  C  U  G  R  R  F  O  S  Q  E  J  U  T  S
S  C  O  N  Q  Y  T  N  O  S  O  U  C  V  I  S
O  E  N  A  É  C  R  O  P  U  B  Q  E  E  O  A
L  U  S  U  T  O  C  C  É  C  W  I  D  R  N  D
U  Q  E  T  I  I  I  X  R  S  A  T  A  N  N  E
T  I  I  É  R  Q  V  V  A  I  K  A  S  E  K  U
I  T  L  W  G  X  I  Z  T  D  I  M  S  M  U  R
O  I  L  S  É  K  Q  F  I  M  M  O  A  E  H  Q
N  L  E  I  T  Y  U  I  O  O  S  L  B  N  C  A
D  O  R  K  N  U  E  P  N  G  N  P  M  T  R  A
N  P  B  C  I  T  O  Y  E  N  S  I  A  E  U  R
H  U  M  A  N  I  T  A  I  R  E  D  B  Z  E  I
```

CONSEILLER	ÉTHIQUE
AMBASSADEUR	GOUVERNEMENT
CITOYENS	HUMANITAIRE
CIVIQUE	INTÉGRITÉ
COMMUNAUTÉ	JUSTICE
CONFLIT	POLITIQUE
COOPÉRATION	RÉSOLUTION
DIPLOMATIQUE	SÉCURITÉ
DISCUSSION	SOLUTION
AMBASSADE	TRAITÉ

81 - Countries #1

```
B G V L Z Q K G O C N L U G F C
H G R O U M A N I E O M I W L B
Q D W G Y O P R F U R I A B Z X
F I N L A N D E Y E V S M R Y I
V B R É S I L I N S È R A G O E
V E T P Y G E N S É G A N Z C C
I N N Y B V F O I N E Ë A K A R
E G W E I L A T I É B L P N N Z
T A C N Z N W T O G I R A K A C
N P O G I U A E N A S L Y N D F
A S I A D Z E L E L G N O L A A
M E X M W V Z L P O L O G N E F
C F O E V A U G A R A C I N V U
G L M L F O R V G J G M T U W A
J O J L M A Y Y P X O F I K F F
I Z K A F I U C I C N I V D L W
```

BRÉSIL
CANADA
EGYPTE
FINLANDE
ALLEMAGNE
IRAK
ISRAËL
ITALIE
LETTONIE
LIBYE

MAROC
NICARAGUA
NORVÈGE
PANAMA
POLOGNE
ROUMANIE
SÉNÉGAL
ESPAGNE
VENEZUELA
VIETNAM

82 - Adjectives #1

```
H  U  I  E  R  D  Y  Z  I  W  Q  C  X  N  T  K
K  E  U  Q  I  T  S  I  T  R  A  T  X  N  Z  E
D  C  U  A  E  B  Y  K  E  S  N  X  U  Q  Z  X
G  N  R  R  L  T  E  I  R  I  E  L  E  U  Y  O
É  I  G  V  E  U  Q  I  T  N  E  D  I  D  Z  T
N  M  M  G  N  U  G  F  N  G  S  L  T  C  P  I
É  Y  N  S  R  F  X  F  E  R  V  Y  I  R  X  Q
R  T  Z  W  E  B  N  J  L  A  Q  S  B  T  M  U
E  O  R  A  D  K  D  E  T  V  B  V  M  U  U  E
U  J  W  J  O  G  H  X  M  E  J  A  A  K  S  D
X  É  X  S  M  A  B  S  O  L  U  E  G  J  V  N
E  C  U  D  E  T  I  I  H  O  N  N  Ê  T  E  M
T  N  A  T  R  O  P  M  I  V  Y  Z  M  G  W  R
L  O  U  R  D  A  R  O  M  A  T  I  Q  U  E  K
M  F  I  T  C  A  R  T  T  A  P  E  T  G  O  W
Y  Q  T  P  R  É  C  I  E  U  X  K  N  D  O  O
```

ABSOLU	LOURD
AMBITIEUX	UTILE
AROMATIQUE	HONNÊTE
ARTISTIQUE	IDENTIQUE
ATTRACTIF	IMPORTANT
BEAU	MODERNE
FONCÉ	GRAVE
EXOTIQUE	LENT
GÉNÉREUX	MINCE
HEUREUX	PRÉCIEUX

83 - Rainforest

```
O Q A N O J N M T W R L F C S R
D I D T U R F N M T I X Y O U E
E B S C D A W J F Y H M P M R S
T O E E W I G G N Q A E F M V T
M T T P A X V E S S U O M U I A
A A C S K U H E G U F E R N E U
M N E E J E X N R E R U T A N R
M I S R U S S È G S T M T U K A
I Q N A N P T G E G I V M T A T
F U I X G È Z I P R K T Y É D I
È E F H L C V D F K I A É O F O
R R X U E E A N Y K C M C O V N
E V K U X C Q I X U E I C É R P
S N E I B I H P M A F L V N O W
V S L G J Z P I V B R C S T C Y
P R É S E R V A T I O N F V G N
```

AMPHIBIENS
OISEAUX
BOTANIQUE
CLIMAT
NUAGE
COMMUNAUTÉ
DIVERSITÉ
INDIGÈNE
INSECTES
JUNGLE

MAMMIFÈRES
MOUSSE
NATURE
PRÉSERVATION
REFUGE
RESPECT
RESTAURATION
ESPÈCE
SURVIE
PRÉCIEUX

84 - Technology

```
U A D I T S X T V G B H H T D N
U T D S T A T I S T I Q U E S A
I N T E R N E T H M A D M G W V
X N U N B N O S U Y I O E A B I
X N A W L E U T R I V N S H R G
C U R S E U R M O F V N S C E A
G J É T I R U C É S L É A I C T
V O M E C Y Q J L R Z E G F H E
E B A M I B I Y P O I S E F E U
L J C I G O L B L P Z Q N A R R
F W G T O J D H X S O O U Y C V
G M L T L Z J V H E É L M E H I
D G W S D V W R E I H C I F E R
O C T E T S K F X S K U R C S U
L O R D I N A T E U R T J A E S
W G C U Y K S M L I U V W D N G
```

BLOG
NAVIGATEUR
OCTETS
CAMÉRA
ORDINATEUR
CURSEUR
DONNÉES
NUMÉRIQUE
AFFICHAGE
FICHIER

POLICE
INTERNET
MESSAGE
RECHERCHE
ÉCRAN
SÉCURITÉ
LOGICIEL
STATISTIQUES
VIRTUEL
VIRUS

85 - Global Warming

```
S N O I T A R É N É G R V E G G
S C D É V E L O P P E M E N T G
F E I S E É N N O D O R R A M H
R U B E I R T S U D N I Z R Q A
C Q T R N S R D B G C R I S E B
O I O U W T N A N E T N I A M I
M T S T R P I C L I M A T N C T
P C D A B Y W F É N E R G I E A
Q R U R R M N O I T N E T T A T
G A Q É F A R W H Q V R H G O S
K A O P A Z Z U T M U J H L P V
U V Z M R É D U I R E E U Q S W
I O I E P O P U L A T I O N S F
B Z B T G O U V E R N E M E N T
P O L I N T E R N A T I O N A L
L É G I S L A T I O N M X P Q M
```

ARCTIQUE
ATTENTION
CLIMAT
CRISE
DONNÉES
DÉVELOPPEMENT
ÉNERGIE
FUTUR
GAZ
GÉNÉRATIONS

GOUVERNEMENT
HABITATS
INDUSTRIE
INTERNATIONAL
LÉGISLATION
MAINTENANT
POPULATIONS
SCIENTIFIQUE
TEMPÉRATURES
RÉDUIRE

86 - Landscapes

```
L D É S E R T L Z K M Z W B I O
A F R E W N E J K G F Y A O C A
C F I O M W H I W W S P Y K E S
I P É N I N S U L E G A L P B I
M E R F S A I U R D G M Y L E S
L V É A C É A R X A N K Z Z R C
S U U L T C R E I C A L G X G F
C E L Î L O A S Y S C Q M C U B
F L F M H A M Y O A L C I Q O U
H F C X O C V E V C O F R S T X
E T A F W N H G N G V Q K P O V
G R O T T E T Z M I V D D P U N
S B T T A Y L A P N L H S E N K
F N R Q N B A F G W V L E F D E
G Q C F F X Q C F N I C O R R C
I K V B Q G R I J E E X P C A B
```

PLAGE	OASIS
GROTTE	OCÉAN
DÉSERT	PÉNINSULE
GEYSER	FLEUVE
GLACIER	MER
COLLINE	MARAIS
ICEBERG	TOUNDRA
ÎLE	VALLÉE
LAC	VOLCAN
MONTAGNE	CASCADE

87 - Plants

```
G  S  B  N  I  C  E  Y  S  U  T  C  A  C  Q  V
V  É  G  É  T  A  T  I  O  N  K  F  R  P  E  J
U  Q  Y  D  C  R  X  H  G  D  V  S  B  É  Y  T
F  Q  Q  N  B  E  N  G  R  A  I  S  R  T  L  X
K  Z  K  L  I  O  A  Q  K  L  V  S  E  A  Z  Z
B  R  E  Y  K  V  T  O  C  I  R  A  H  L  F  G
F  B  Y  J  V  F  B  A  Q  E  O  O  W  E  O  P
E  U  K  U  T  L  Q  X  N  I  D  R  A  J  R  M
U  P  I  I  R  O  L  C  O  I  V  M  E  H  Ê  C
I  V  A  M  B  R  H  L  S  M  Q  S  W  C  T  L
L  H  S  D  F  E  E  K  S  Y  R  U  E  L  F  I
L  V  E  M  O  Y  I  Y  I  L  Y  S  E  X  R  E
A  X  V  R  W  G  P  P  U  Q  G  Z  I  R  J  R
G  J  V  H  B  N  M  E  B  S  X  L  A  H  W  R
E  L  A  W  T  E  M  O  U  S  S  E  B  Q  A  E
T  I  G  E  N  I  C  A  R  B  A  M  B  O  U  N
```

BAMBOU	FORÊT
HARICOT	JARDIN
BAIE	HERBE
BOTANIQUE	LIERRE
BUISSON	MOUSSE
CACTUS	PÉTALE
ENGRAIS	RACINE
FLORE	TIGE
FLEUR	ARBRE
FEUILLAGE	VÉGÉTATION

88 - Boxing

```
C Q F C O M B A T T A N T R U R
O M E N T O N U F M S L P E U É
R V C U Z N R D I E H D U G T C
P L N P B L S K D N Z O V V U
S S E R U S S E L B N S K D X P
T M T C L F K H D Z Y A I C Z É
N C É Z C Z V C A R B I T R E R
I N P C O U P O V E O T L Q R A
O É M F Z U N L T R M C H M I T
P P O R O I V C G T V F G T A I
C U C G A R S X A N I O C P S O
Z I C N T P C L N E C M F O R N
L S O A Q X I E T C A A U I E I
E É U P P L H D S N P Q C N V L
U H D H I N J W E O E I O G D X
G B E P D S F Q M C Y R B V A N
```

CLOCHE   BLESSURES
CORPS   COUP
MENTON   ADVERSAIRE
COIN   POINTS
COUDE   RAPIDE
ÉPUISÉ   RÉCUPÉRATION
COMBATTANT   ARBITRE
POING   CORDES
CONCENTRER   COMPÉTENCE
GANTS   FORCE

89 - Countries #2

```
M A E L D R C G M K S F O U J J
A K L N A D U O S O A L I J A Y
M S I K N A T S I K A P K N M F
K U E B E G N T G M W W B N A M
D Y K Q M I R R O R K A K I Ï E
E S W B A V V H A C È U Q G Q X
W T Y V R V T J R O B C B E U I
M P H R K B A K C U V U E R E Q
V G B I I B L S C G H A I I I U
U C J I O E U C S A I J S A N E
N É P A L P O I T N V A S I A C
O Q Q P U Y I L N D Z P U A B G
L I B É R I A E S A K O R O L J
S O M A L I E P J T J N C Y A Y
V Z U K R A I N E J L Y Y E A I
K S K A T L I B A N H A Ï T I X
```

ALBANIE   MEXIQUE
DANEMARK   NÉPAL
ETHIOPIE   NIGERIA
GRÈCE   PAKISTAN
HAÏTI   RUSSIE
JAMAÏQUE   SOMALIE
JAPON   SOUDAN
LAOS   SYRIE
LIBAN   OUGANDA
LIBÉRIA   UKRAINE

90 - Ecology

```
V G D C Y C M C Q I G L O B A L
É S K S Y T O O N A T U R E L W
G F H E G N E M N F S L N Z S Y
É B A C P I S T M T W I D O E X
T É G R L G P M F U A T E R D W
A N J U L A È W B U N G E G O G
T É Z O G U C E U S I A N S R J
I V C S O M E T D É H Z U E M I
O O L S I A R A M C S W A T S O
N L W E R R U M A H M U F C É S
I E J R P I T I C E O B R P G S
X S S E T N A L P R L U U V A F
F L O R E E N C X E C G Y N I S
H A B I T A T Z K S M F H Y M E
D I V E R S I T É S O P Q B N R
D U R A B L E J M E H Y P R P O
```

CLIMAT	MONTAGNES
COMMUNAUTÉS	NATUREL
DIVERSITÉ	NATURE
SÉCHERESSE	PLANTES
FAUNE	RESSOURCES
FLORE	ESPÈCE
GLOBAL	SURVIE
HABITAT	DURABLE
MARIN	VÉGÉTATION
MARAIS	BÉNÉVOLES

91 - Adjectives #2

```
A U T H E N T I Q U E S C F C I
H A E C H A U D I D E E R I É M
B E T F V I U O S X L C É E L X
L V I S S C J P A D F A R È L
F U M Z D O J C Y P I D T Z B G
I O C Y E H M D I E M N I I R D
T N S A L É I N L X L A F É E O
C A T I P W A S O W O H L L V U
U Z Z É W C F M B L C S E É S É
D K M H R S X U M P E A R G E R
O M V Q I E Z J M J Q N U A S D
R Y Q H Z K S F F O R T T N M G
P C S Q R R U S S H J D A T V D
S A U V A G E W A H D Z N X A F
S U G P E L B A S N O P S E R K
D E S C R I P T I F T A J G U P
```

AUTHENTIQUE
CRÉATIF
DESCRIPTIF
SEC
ÉLÉGANT
CÉLÈBRE
DOUÉ
SAIN
CHAUD
FAIM

INTÉRESSANT
NATUREL
NOUVEAU
PRODUCTIF
FIER
RESPONSABLE
SALÉ
SOMNOLENT
FORT
SAUVAGE

92 - Psychology

```
P  O  O  E  C  N  A  F  N  E  U  S  P  S  D  A
E  R  S  I  V  O  T  M  Y  U  M  U  E  C  O  F
N  E  D  P  C  I  N  L  P  Q  B  B  R  Y  W  X
S  C  C  A  O  T  E  F  V  I  W  C  S  E  S  I
É  V  I  R  G  A  M  X  L  N  N  O  O  G  E  N
E  U  C  É  N  U  E  E  I  I  É  N  N  F  V  R
S  Q  H  H  I  L  T  L  T  L  T  S  N  P  Ê  E
S  I  L  T  T  A  R  B  G  C  I  C  A  E  R  N
P  E  S  V  I  V  O  U  F  U  L  I  L  R  F  D
J  R  N  P  O  É  P  M  O  N  A  E  I  C  G  E
R  T  O  S  N  R  M  D  B  W  É  N  T  E  E  Z
K  Q  I  B  A  G  O  S  P  W  R  T  É  P  P  V
N  G  T  K  L  T  C  X  H  E  Y  O  F  T  M  O
X  L  O  G  L  È  I  F  R  O  H  N  D  I  O  U
M  Y  M  A  T  S  M  O  U  W  C  A  I  O  T  S
S  E  É  D  I  U  S  E  N  C  R  B  A  N  L  S
```

RENDEZ-VOUS
ÉVALUATION
COMPORTEMENT
ENFANCE
CLINIQUE
COGNITION
CONFLIT
RÊVES
EGO
ÉMOTIONS

IDÉES
PERCEPTION
PERSONNALITÉ
PROBLÈME
RÉALITÉ
SENSATION
SUBCONSCIENT
THÉRAPIE
PENSÉES

93 - Math

```
C O P O L Y G O N E X Q K C C W
C I R E C T A N G L E L E D A U
S E R B M O N P U K E G I É R Z
H C O C W V U C M A O K R C R P
T N A S O P X E C X G X T I É S
V J C P P N O I T A U Q É M R Y
S W Y B É J F W D F S Y M A A M
Z G V Z X R O É X I C J O L Y É
V O L U M E I Q R C A Y É N O T
A N G L E S Z M Q E S M G O N R
T R I A N G L E È F N V È I W I
D I V I S I O N Y T C C O T L E
H O R G H L Z S X A R Q E C R G
R X Z N D L B T H H A E J A E E
A R I T H M É T I Q U E O R P L
P A R A L L È L E T A Q O F F N
```

ANGLES	NOMBRES
ARITHMÉTIQUE	PARALLÈLE
CIRCONFÉRENCE	PÉRIMÈTRE
DÉCIMAL	POLYGONE
DIAMÈTRE	RAYON
DIVISION	RECTANGLE
ÉQUATION	CARRÉ
EXPOSANT	SYMÉTRIE
FRACTION	TRIANGLE
GÉOMÉTRIE	VOLUME

94 - Activities

```
S  M  R  B  F  A  R  C  F  D  X  T  Y  R  I  Q
E  A  E  S  N  A  D  H  O  M  L  T  E  C  O  R
R  G  L  P  Q  U  E  A  Q  Z  U  I  W  N  F  L
U  I  A  A  H  M  J  S  T  Ê  R  É  T  N  I  I
T  E  X  N  C  O  Y  S  R  C  N  M  C  N  R  U
C  É  A  E  I  T  T  E  U  Q  I  M  A  R  É  C
E  N  T  R  A  D  I  O  R  A  I  V  M  I  Z  M
L  N  I  U  V  T  R  V  G  C  B  G  L  S  S  X
O  O  O  T  O  W  M  A  I  R  M  N  G  I  R  L
J  D  N  U  J  C  Z  J  J  T  A  I  S  A  A  O
H  N  J  O  Y  V  U  A  T  Q  É  P  E  L  H  I
L  A  J  C  R  R  E  B  S  P  F  M  H  P  X  S
P  R  A  R  T  I  S  A  N  A  T  A  C  I  U  I
C  O  M  P  É  T  E  N  C  E  N  C  Ê  O  E  R
X  M  J  O  K  H  L  L  W  M  U  G  P  M  J  D
P  E  J  P  S  C  C  L  G  Y  X  N  D  P  L  J
```

ACTIVITÉ
ART
CAMPING
CÉRAMIQUE
ARTISANAT
DANSE
PÊCHE
JEUX
JARDINAGE
RANDONNÉE

CHASSE
INTÉRÊTS
LOISIR
MAGIE
PHOTOGRAPHIE
PLAISIR
LECTURE
RELAXATION
COUTURE
COMPÉTENCE

95 - Business

```
T Q E R P K L B W F Z K H L Q P
L Q G I V F Z G O Q K X Q S Q R
A R G H F E S C I R U S I N E O
L T H R U U A R R É E T N E V F
C S F K E Q M U Z D S Ô W S P I
H O Q E M I E E S U I P C I I T
B Z Û X P T M Y F C D M U R R F
Y H W T L U N O I T N I B P G I
H T Z J O O U L N I A D U E B N
R N N O Y B A P A O H L D R E Z
X E D V É V E M N N C W G T A A
C A R R I È R E C T R É E N E S
C R E V E N U H E T A C T E P U
A R G E N T B F Q F M C S F T N
C D B P M U B M B E M A M B G B
H G É R A N T D E V I S E A G K
```

BUDGET   FINANCE
CARRIÈRE   REVENU
ENTREPRISE   GÉRANT
COÛT   MARCHANDISE
DEVISE   ARGENT
RÉDUCTION   BUREAU
ÉCONOMIE   PROFIT
EMPLOYÉ   VENTE
EMPLOYEUR   BOUTIQUE
USINE   IMPÔTS

96 - Literature

```
M T A P D K I B X Y J K A N F P
É U N O A N A L O G I E N I I A
T O E É C S G A E E O I A P C W
A N C T Y O T Y H V I H L I T C
P B D I L Z M Y G K Z P Y X I O
H L O Q N R E P L W S A S L O N
O Q T U G D C S A E U R E H N C
R R E E R O M A N R S G M G P L
E U M P O È M E A S A O I E O U
D E S C R I P T I O N I R U P S
S T A U T E U R L A D B S G M I
S A C N E M H T Y R C H O O N O
T R K T W È O T N D T I P L N N
I R L V U H H K O L G L U A S J
E A S F R T J A M V C C X I Y L
N N T R A G É D I E V H J D K S
```

ANALOGIE	MÉTAPHORE
ANALYSE	NARRATEUR
ANECDOTE	ROMAN
AUTEUR	POÈME
BIOGRAPHIE	POÉTIQUE
COMPARAISON	RIME
CONCLUSION	RYTHME
DESCRIPTION	STYLE
DIALOGUE	THÈME
FICTION	TRAGÉDIE

97 - Geography

```
T A B V X Y T T F A N P M O L H
N A D B I F Q X V V S J I K Y U
O G M S S L H Y C D E K J X Z B
I U E D C V L X K K M K V Q Z U
G P E Y F J Y E V U E L F K Z L
É O T S S T E N G A T N O M E E
R M R N T M R E E K H B K A R L
M S A O B P I C A I X H Î T È A
Q X C R V B O O L O D U L L H T
L F R D G Y T N T M U I E A P I
D F O A F T I T I V S W R S S T
O W Y O M E R I T B Y J S É I U
X V M V S E R N U N A É C O M D
M O N D E Z E E D W P Z M T É E
W X Y M X Q T N E V Y A L E H M
M Q B X G Z N T E W V M Y L M I
```

ALTITUDE   MONTAGNE
ATLAS   NORD
VILLE   OCÉAN
CONTINENT   RÉGION
PAYS   FLEUVE
HÉMISPHÈRE   MER
ÎLE   SUD
LATITUDE   TERRITOIRE
CARTE   OUEST
MÉRIDIEN   MONDE

98 - Jazz

```
G C K B T K M N D V N A Y T N N
T A L E N T G U Q B A L L E V H
P O X N E E I V S Q D B D C N Y
V R U W C G Z J J I L U S H A D
R R D Z C O Q P P Y Q M F N H X
Y U I G A O Z Z D W H U A I A B
P F E T S I T R A Q M R E Q J F
N O I T A S I V O R P M I U K T
C R C R I F A V O R I S F E M N
H N É E T S T Y L E L A I I H O
A O L C R N O I T I S O P M O C
N U È N G Y D P T A M B O U R S
S V B O E P T W M V I E U X U W
O E R C N Y H H D O J S S J R N
N A E L R S W A M X C I A E C U
L U O X E E R T S E H C R O J P
```

ALBUM

ARTISTE

COMPOSITEUR

COMPOSITION

CONCERT

TAMBOURS

ACCENT

CÉLÈBRE

FAVORIS

GENRE

IMPROVISATION

MUSIQUE

NOUVEAU

VIEUX

ORCHESTRE

RYTHME

CHANSON

STYLE

TALENT

TECHNIQUE

99 - Nature

```
K  G  I  X  D  P  A  F  B  E  A  U  T  É  O  B
V  T  W  E  J  Y  R  N  V  H  W  D  Ê  T  J  P
T  R  O  P  I  C  A  L  I  I  S  E  R  E  I  N
D  Y  N  A  M  I  Q  U  E  M  T  W  O  P  H  O
A  T  E  H  Z  F  O  L  P  Q  A  A  F  A  Z  I
W  A  C  P  H  D  E  C  A  N  S  U  L  I  A  S
Q  X  U  X  S  H  A  U  Y  Q  N  C  X  S  U  O
N  U  A  G  E  G  V  V  I  X  C  R  I  I  F  R
R  R  D  R  S  K  J  Y  Y  L  C  T  A  B  L  É
B  R  O  U  I  L  L  A  R  D  L  A  G  L  E  W
D  E  R  I  A  U  T  C  N  A  S  A  H  E  U  O
F  I  X  T  L  C  R  M  G  E  D  B  G  L  V  F
O  C  T  X  A  A  R  C  T  I  Q  U  E  E  E  I
Y  A  M  C  F  A  B  E  I  L  L  E  S  E  Y  R
B  L  G  Y  U  N  Q  P  N  Y  Z  J  E  D  D  F
E  G  A  V  U  A  S  D  É  S  E  R  T  W  A  P
```

ANIMAUX	FEUILLAGE
ARCTIQUE	FORÊT
BEAUTÉ	GLACIER
ABEILLES	PAISIBLE
FALAISES	FLEUVE
NUAGE	SANCTUAIRE
DÉSERT	SEREIN
DYNAMIQUE	TROPICAL
ÉROSION	VITAL
BROUILLARD	SAUVAGE

100 - Electricity

```
H  N  Z  I  P  R  É  S  E  A  U  É  U  N  T  F
Q  P  K  F  P  O  Q  K  R  O  K  Q  O  É  É  E
N  W  N  F  Y  S  S  Z  U  R  C  U  I  G  L  Y
I  N  I  P  F  V  T  I  E  E  A  I  É  A  É  B
O  J  F  N  Z  P  E  N  T  E  W  P  L  T  V  A
B  O  M  C  B  D  J  W  A  I  Q  E  E  I  I  T
E  O  Q  S  A  B  B  N  R  G  F  M  C  F  S  T
A  R  E  S  A  L  O  K  É  F  G  E  T  A  I  E
W  B  P  Z  F  L  W  G  N  S  U  N  R  I  O  R
K  G  M  E  N  O  H  P  É  L  É  T  I  M  N  I
Q  U  A  N  T  I  T  É  G  I  T  T  C  A  W  E
Z  Q  L  O  G  G  R  Y  I  F  J  V  I  N  E  L
É  L  E  C  T  R  I  Q  U  E  K  H  E  T  O  B
M  C  W  Z  S  T  O  C  K  A  G  E  N  B  F  Â
J  W  A  I  D  Y  B  O  I  M  J  U  J  S  O  C
C  X  W  L  A  M  P  O  U  L  E  S  I  R  P  E
```

BATTERIE	NÉGATIF
AMPOULE	RÉSEAU
CÂBLE	OBJETS
ÉLECTRIQUE	POSITIF
ÉLECTRICIEN	QUANTITÉ
ÉQUIPEMENT	PRISE
GÉNÉRATEUR	STOCKAGE
LAMPE	TÉLÉPHONE
LASER	TÉLÉVISION
AIMANT	FILS

1 - Antiques

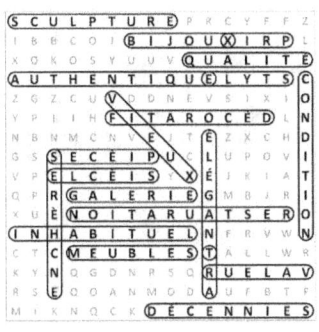

2 - Food #1

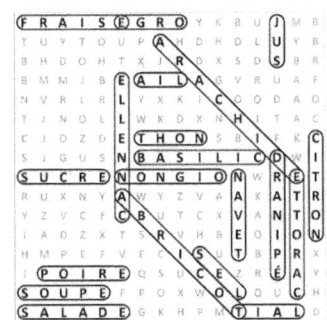

3 - Measurements

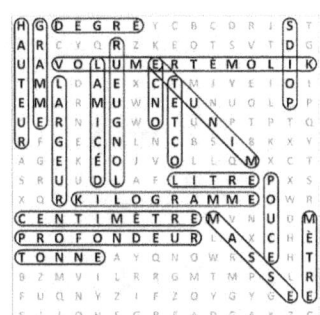

4 - Farm #2

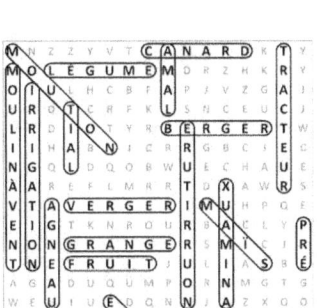

5 - Books

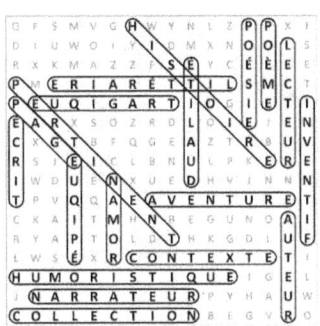

6 - Meditation

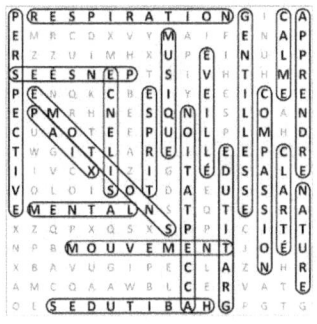

7 - Days and Months

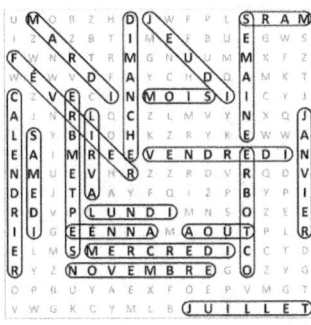

8 - Energy

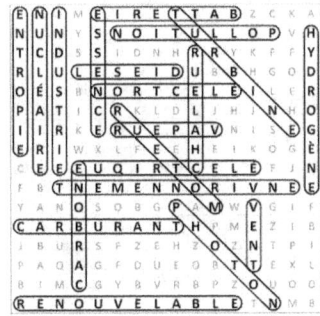

9 - Chess

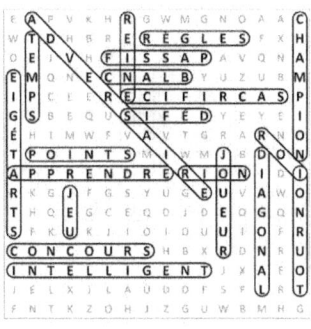

10 - Archeology

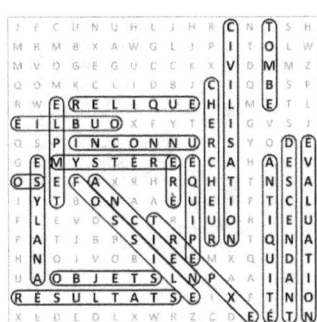

11 - Food #2

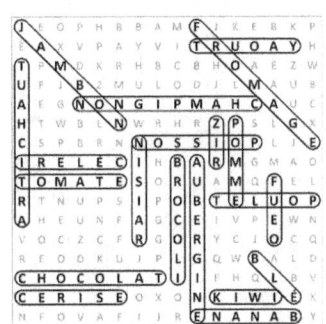

12 - Chemistry

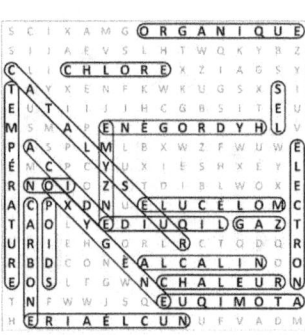

13 - Music

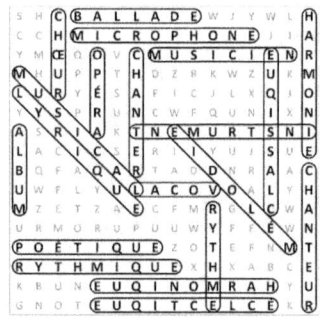

14 - Family

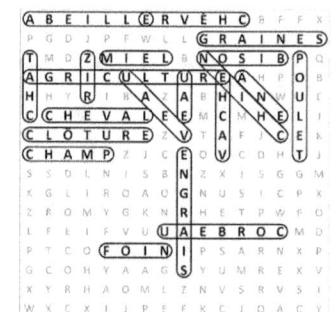

15 - Farm #1

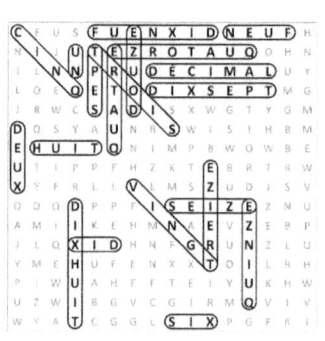

16 - Camping

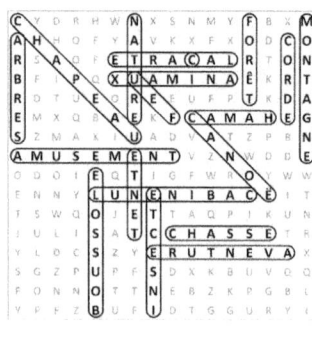

17 - Algebra

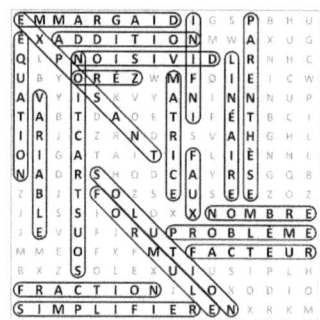

18 - Numbers

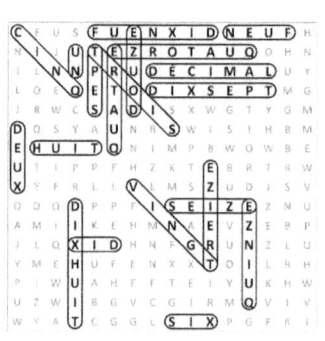

19 - Spices

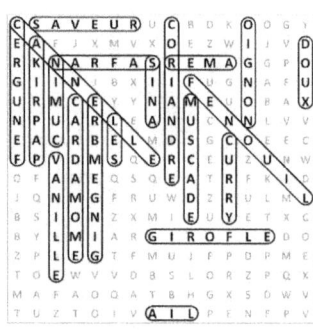

20 - Mammals

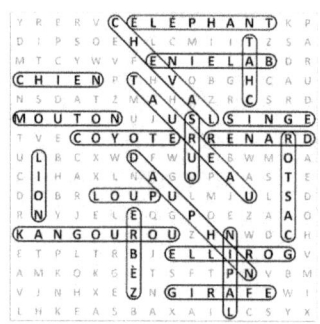

21 - Bees

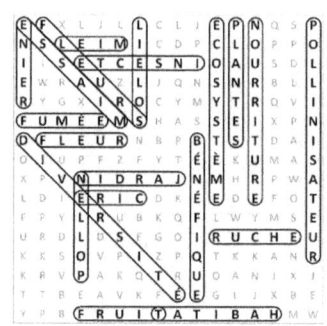

22 - Photography

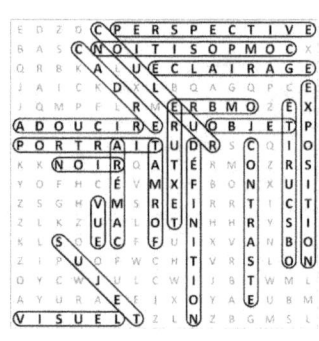

23 - Adventure

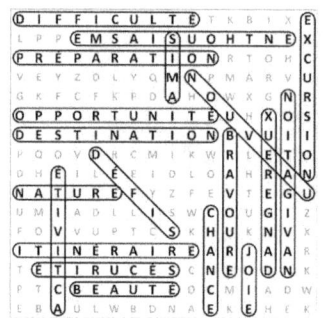

24 - Sport

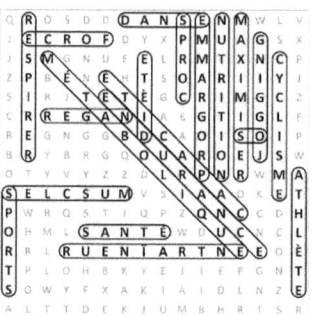

25 - Restaurant #2

26 - Geology

27 - House

28 - Physics

29 - Dance

30 - Coffee

31 - Shapes

32 - Scientific Disciplines

33 - Science

34 - Beauty

35 - Clothes

36 - Ethics

37 - Insects

38 - Astronomy

39 - Health and Wellness #2

40 - Disease

41 - Buildings

42 - Philanthropy

43 - Gardening

44 - Herbalism

45 - Flowers

46 - Health and Wellness #1

47 - Antarctica

48 - Ballet

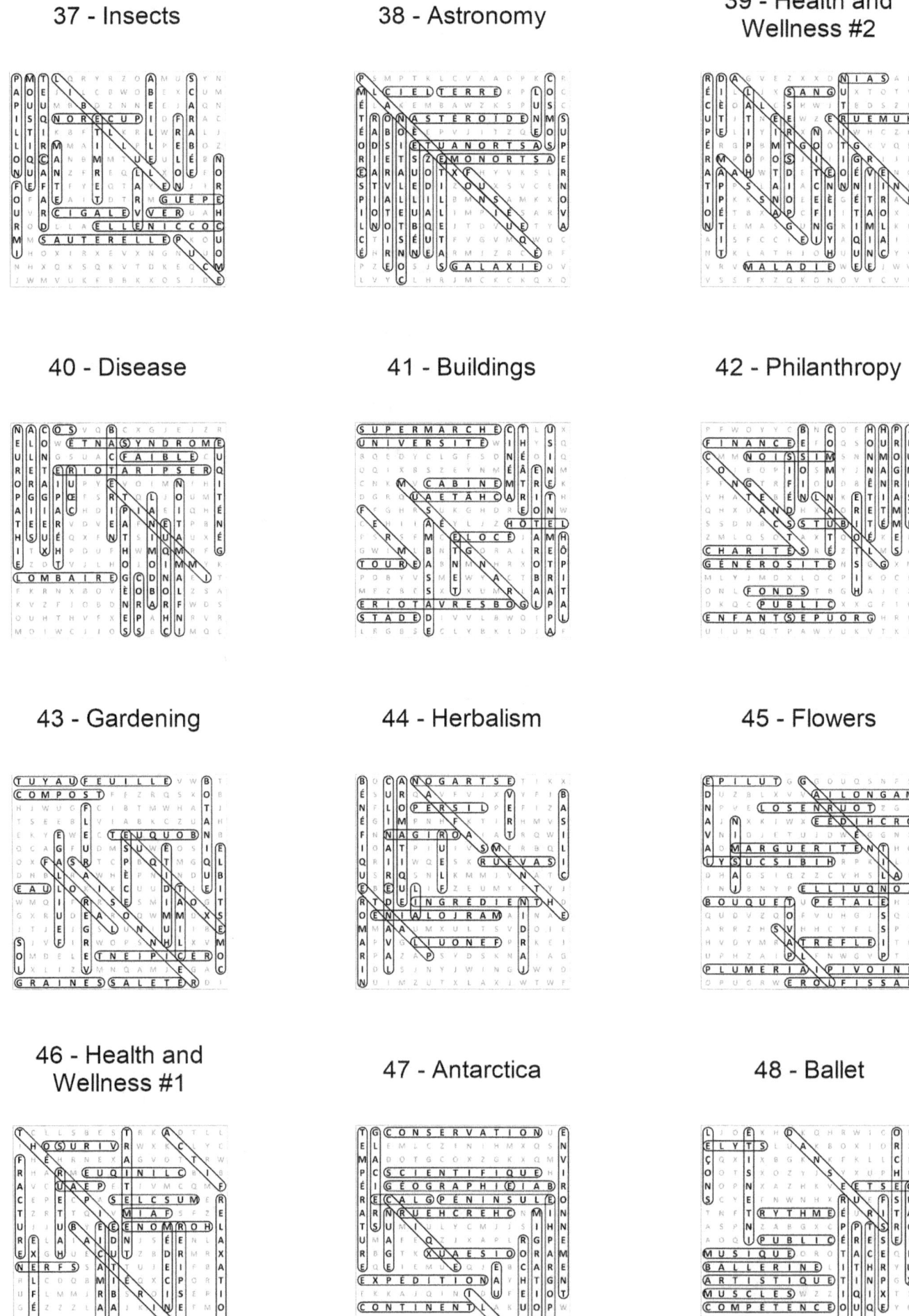

49 - Fashion

50 - Human Body

51 - Musical Instruments

52 - Fruit

53 - Engineering

54 - Kitchen

55 - Government

56 - Art Supplies

57 - Science Fiction

58 - Geometry

59 - Creativity

60 - Airplanes

61 - Ocean

62 - Force and Gravity

63 - Birds

64 - Art

65 - Nutrition

66 - Hiking

67 - Professions #1

68 - Barbecues

69 - Chocolate

70 - Boats

71 - Activities and Leisure

72 - Driving

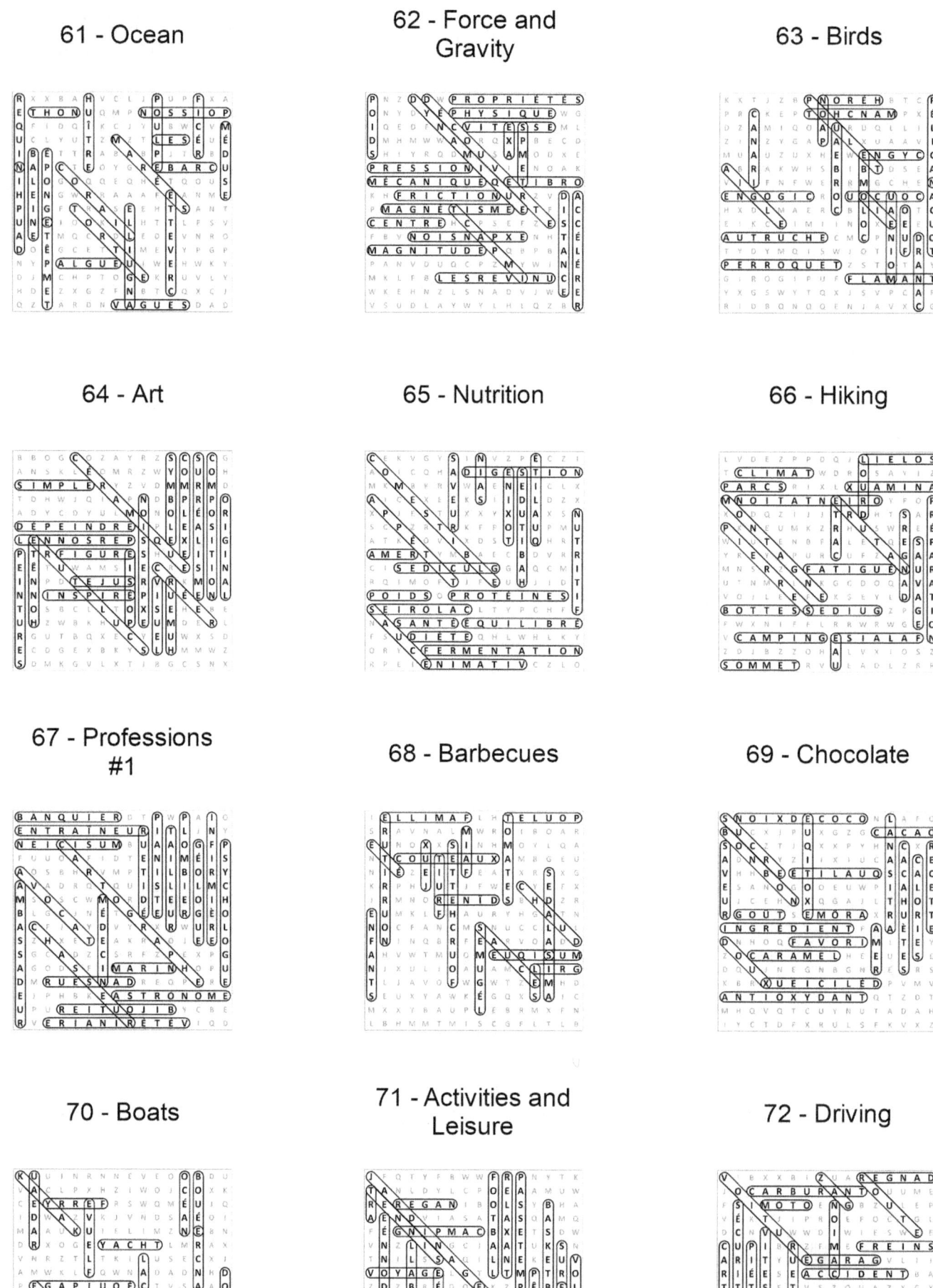

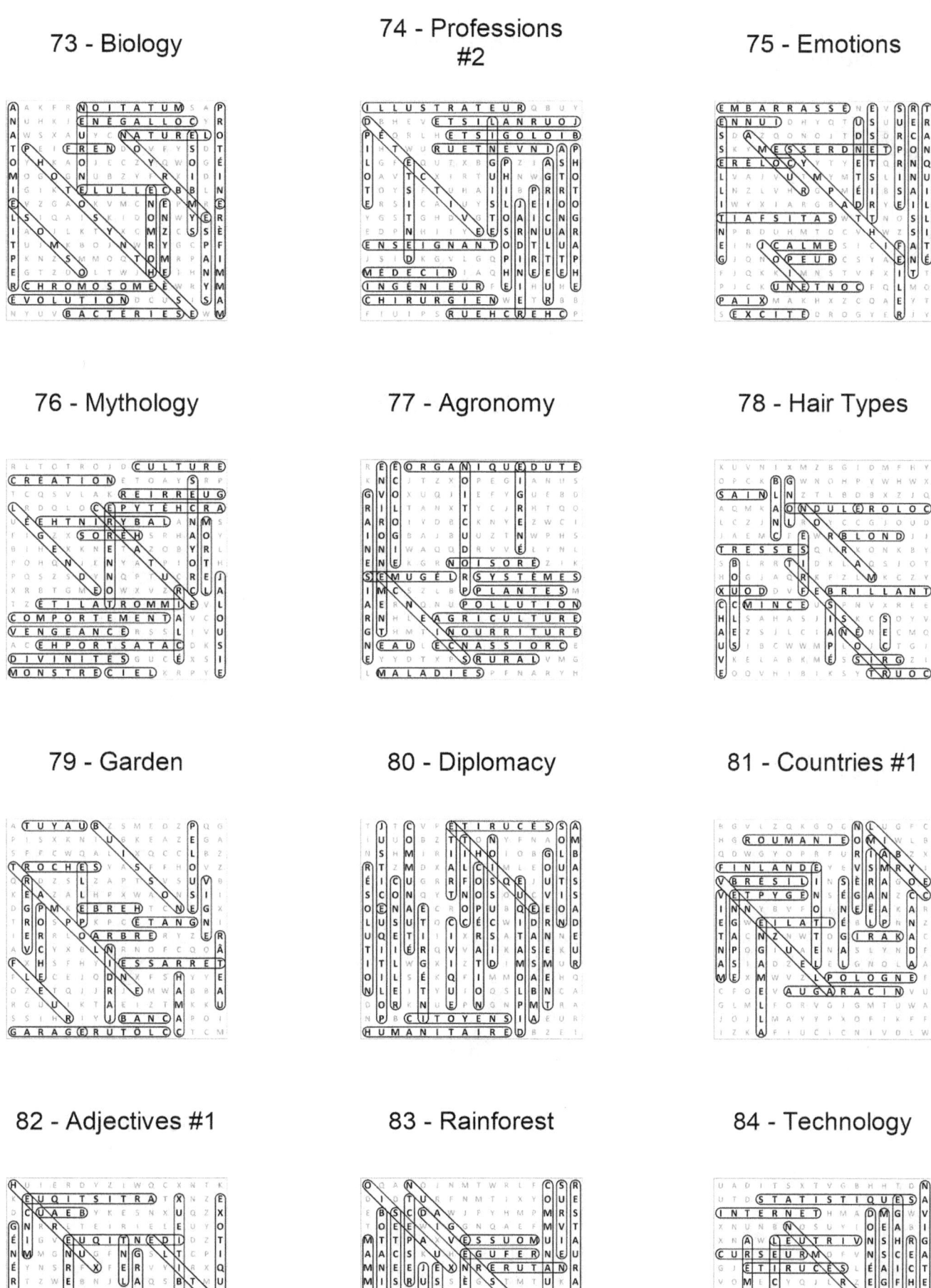

73 - Biology

74 - Professions #2

75 - Emotions

76 - Mythology

77 - Agronomy

78 - Hair Types

79 - Garden

80 - Diplomacy

81 - Countries #1

82 - Adjectives #1

83 - Rainforest

84 - Technology

85 - Global Warming

86 - Landscapes

87 - Plants

88 - Boxing

89 - Countries #2

90 - Ecology

91 - Adjectives #2

92 - Psychology

93 - Math

94 - Activities

95 - Business

96 - Literature

97 - Geography

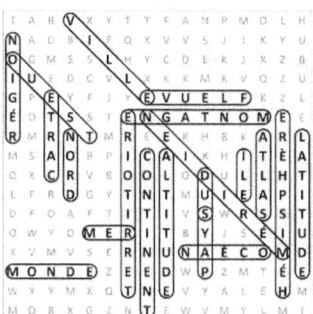

98 - Jazz

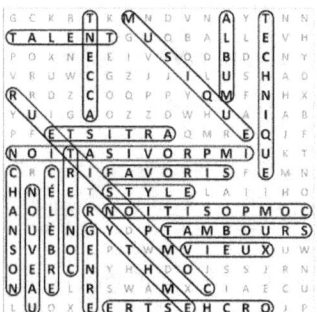

99 - Nature

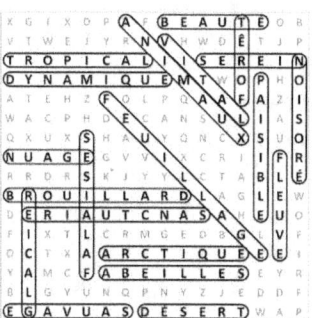

100 - Electricity

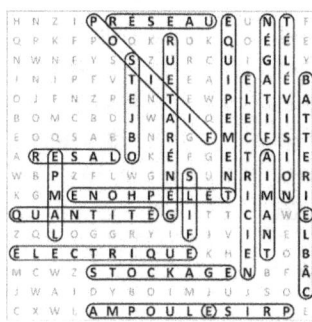

Dictionary

Activities
Activités

Activity	Activité
Art	Art
Camping	Camping
Ceramics	Céramique
Crafts	Artisanat
Dancing	Danse
Fishing	Pêche
Games	Jeux
Gardening	Jardinage
Hiking	Randonnée
Hunting	Chasse
Interests	Intérêts
Leisure	Loisir
Magic	Magie
Photography	Photographie
Pleasure	Plaisir
Reading	Lecture
Relaxation	Relaxation
Sewing	Couture
Skill	Compétence

Activities and Leisure
Activités et Loisirs

Art	Art
Baseball	Base-Ball
Basketball	Basket-Ball
Boxing	Boxe
Camping	Camping
Diving	Plongée
Fishing	Pêche
Gardening	Jardinage
Golf	Golf
Hiking	Randonnée
Hobbies	Passe-Temps
Painting	Peinture
Racing	Course
Relaxing	Relaxant
Soccer	Football
Surfing	Surf
Swimming	Nager
Tennis	Tennis
Travel	Voyage
Volleyball	Volley-Ball

Adjectives #1
Adjectifs #1

Absolute	Absolu
Ambitious	Ambitieux
Aromatic	Aromatique
Artistic	Artistique
Attractive	Attractif
Beautiful	Beau
Dark	Foncé
Exotic	Exotique
Generous	Généreux
Happy	Heureux
Heavy	Lourd
Helpful	Utile
Honest	Honnête
Identical	Identique
Important	Important
Modern	Moderne
Serious	Grave
Slow	Lent
Thin	Mince
Valuable	Précieux

Adjectives #2
Adjectifs #2

Authentic	Authentique
Creative	Créatif
Descriptive	Descriptif
Dry	Sec
Elegant	Élégant
Famous	Célèbre
Gifted	Doué
Healthy	Sain
Hot	Chaud
Hungry	Faim
Interesting	Intéressant
Natural	Naturel
New	Nouveau
Productive	Productif
Proud	Fier
Responsible	Responsable
Salty	Salé
Sleepy	Somnolent
Strong	Fort
Wild	Sauvage

Adventure
Aventure

Activity	Activité
Beauty	Beauté
Bravery	Bravoure
Challenges	Défis
Chance	Chance
Dangerous	Dangereux
Destination	Destination
Difficulty	Difficulté
Enthusiasm	Enthousiasme
Excursion	Excursion
Friends	Amis
Itinerary	Itinéraire
Joy	Joie
Nature	Nature
Navigation	Navigation
New	Nouveau
Opportunity	Opportunité
Preparation	Préparation
Safety	Sécurité
Unusual	Inhabituel

Agronomy
Agronomie

Agriculture	Agriculture
Diseases	Maladies
Ecology	Écologie
Energy	Énergie
Environment	Environnement
Erosion	Érosion
Fertilizer	Engrais
Food	Nourriture
Growth	Croissance
Organic	Organique
Plants	Plantes
Pollution	Pollution
Production	Production
Rural	Rural
Science	Science
Seeds	Graines
Study	Étude
Systems	Systèmes
Vegetables	Légumes
Water	Eau

Airplanes
Avions

Adventure	Aventure
Air	Air
Altitude	Altitude
Atmosphere	Atmosphère
Balloon	Ballon
Construction	Construction
Crew	Équipage
Descent	Descente
Design	Design
Engine	Moteur
Fuel	Carburant
Height	Hauteur
History	Histoire
Hydrogen	Hydrogène
Landing	Atterrissage
Passenger	Passager
Pilot	Pilote
Propellers	Hélices
Sky	Ciel
Turbulence	Turbulence

Algebra
Algèbre

Addition	Addition
Diagram	Diagramme
Division	Division
Equation	Équation
Exponent	Exposant
Factor	Facteur
False	Faux
Formula	Formule
Fraction	Fraction
Infinite	Infini
Linear	Linéaire
Matrix	Matrice
Number	Nombre
Parenthesis	Parenthèse
Problem	Problème
Simplify	Simplifier
Solution	Solution
Subtraction	Soustraction
Variable	Variable
Zero	Zéro

Antarctica
Antarctique

Bay	Baie
Birds	Oiseaux
Clouds	Nuage
Conservation	Conservation
Continent	Continent
Cove	Crique
Environment	Environnement
Expedition	Expédition
Geography	Géographie
Glaciers	Glaciers
Ice	Glace
Islands	Îles
Migration	Migration
Peninsula	Péninsule
Researcher	Chercheur
Rocky	Rocheux
Scientific	Scientifique
Temperature	Température
Topography	Topographie
Water	Eau

Antiques
Antiquités

Art	Art
Auction	Enchères
Authentic	Authentique
Century	Siècle
Coins	Pièces
Condition	Condition
Decades	Décennies
Decorative	Décoratif
Elegant	Élégant
Furniture	Meubles
Gallery	Galerie
Jewelry	Bijoux
Old	Vieux
Price	Prix
Quality	Qualité
Restoration	Restauration
Sculpture	Sculpture
Style	Style
Unusual	Inhabituel
Value	Valeur

Archeology
Archéologie

Analysis	Analyse
Ancient	Ancien
Antiquity	Antiquité
Bones	Os
Civilization	Civilisation
Descendant	Descendant
Era	Ère
Evaluation	Évaluation
Expert	Expert
Findings	Résultats
Forgotten	Oublié
Fossil	Fossile
Mystery	Mystère
Objects	Objets
Relic	Relique
Researcher	Chercheur
Team	Équipe
Temple	Temple
Tomb	Tombe
Unknown	Inconnu

Art
Art

Ceramic	Céramique
Complex	Complexe
Composition	Composition
Create	Créer
Expression	Expression
Figure	Figure
Honest	Honnête
Inspired	Inspiré
Mood	Humeur
Original	Original
Paintings	Peintures
Personal	Personnel
Poetry	Poésie
Portray	Dépeindre
Sculpture	Sculpture
Simple	Simple
Subject	Sujet
Surrealism	Surréalisme
Symbol	Symbole
Visual	Visuel

Art Supplies
Fournitures d'Art

Acrylic	Acrylique
Brushes	Brosses
Camera	Caméra
Chair	Chaise
Charcoal	Charbon
Clay	Argile
Colors	Couleurs
Creativity	Créativité
Easel	Chevalet
Eraser	Gomme
Glue	Colle
Ideas	Idées
Ink	Encre
Oil	Huile
Paints	Peinture
Paper	Papier
Pencils	Crayons
Table	Table
Water	Eau
Watercolors	Aquarelles

Astronomy
Astronomie

Asteroid	Astéroïde
Astronaut	Astronaute
Astronomer	Astronome
Constellation	Constellation
Cosmos	Cosmos
Earth	Terre
Eclipse	Éclipse
Equinox	Équinoxe
Galaxy	Galaxie
Meteor	Météore
Moon	Lune
Nebula	Nébuleuse
Observatory	Observatoire
Planet	Planète
Radiation	Radiation
Rocket	Fusée
Satellite	Satellite
Sky	Ciel
Supernova	Supernova
Zodiac	Zodiaque

Ballet
Ballet

Artistic	Artistique
Audience	Public
Ballerina	Ballerine
Choreography	Chorégraphie
Composer	Compositeur
Dancers	Danseurs
Expressive	Expressif
Gesture	Geste
Graceful	Gracieux
Intensity	Intensité
Lessons	Leçons
Muscles	Muscles
Music	Musique
Orchestra	Orchestre
Practice	Pratique
Rehearsal	Répétition
Rhythm	Rythme
Skill	Compétence
Style	Style
Technique	Technique

Barbecues
Barbecues

Chicken	Poulet
Children	Enfants
Dinner	Dîner
Family	Famille
Food	Nourriture
Forks	Fourchettes
Friends	Amis
Fruit	Fruit
Games	Jeux
Grill	Gril
Hot	Chaud
Hunger	Faim
Knives	Couteaux
Music	Musique
Salads	Salades
Salt	Sel
Sauce	Sauce
Summer	Été
Tomatoes	Tomates
Vegetables	Légumes

Beauty
Beauté

Charm	Charme
Color	Couleur
Cosmetics	Cosmétique
Curls	Boucles
Elegance	Élégance
Elegant	Élégant
Fragrance	Parfum
Grace	Grâce
Makeup	Maquillage
Mascara	Mascara
Mirror	Miroir
Oils	Huiles
Photogenic	Photogénique
Products	Produits
Scissors	Ciseaux
Services	Services
Shampoo	Shampooing
Skin	Peau
Smooth	Lisse
Stylist	Styliste

Bees
Les Abeilles

Beneficial	Bénéfique
Blossom	Fleur
Diversity	Diversité
Ecosystem	Écosystème
Flowers	Fleurs
Food	Nourriture
Fruit	Fruit
Garden	Jardin
Habitat	Habitat
Hive	Ruche
Honey	Miel
Insect	Insecte
Plants	Plantes
Pollen	Pollen
Pollinator	Pollinisateur
Queen	Reine
Smoke	Fumée
Sun	Soleil
Swarm	Essaim
Wax	Cire

Biology
Biologie

Anatomy	Anatomie
Bacteria	Bactéries
Cell	Cellule
Chromosome	Chromosome
Collagen	Collagène
Embryo	Embryon
Enzyme	Enzyme
Evolution	Évolution
Hormone	Hormone
Mammal	Mammifère
Mutation	Mutation
Natural	Naturel
Nerve	Nerf
Neuron	Neurone
Osmosis	Osmose
Photosynthesis	Photosynthèse
Protein	Protéine
Reptile	Reptile
Symbiosis	Symbiose
Synapse	Synapse

Birds
Oiseaux

Canary	Canari
Chicken	Poulet
Crow	Corbeau
Cuckoo	Coucou
Dove	Colombe
Duck	Canard
Eagle	Aigle
Egg	Oeuf
Flamingo	Flamant
Goose	Oie
Heron	Héron
Ostrich	Autruche
Parrot	Perroquet
Peacock	Paon
Pelican	Pélican
Penguin	Manchot
Sparrow	Moineau
Stork	Cigogne
Swan	Cygne
Toucan	Toucan

Boats
Bateaux

Anchor	Ancre
Buoy	Bouée
Canoe	Canoë
Crew	Équipage
Dock	Dock
Engine	Moteur
Ferry	Ferry
Kayak	Kayak
Lake	Lac
Mast	Mât
Nautical	Nautique
Ocean	Océan
Raft	Radeau
River	Fleuve
Rope	Corde
Sailboat	Voilier
Sailor	Marin
Sea	Mer
Tide	Marée
Yacht	Yacht

Books
Livres

Adventure	Aventure
Author	Auteur
Collection	Collection
Context	Contexte
Duality	Dualité
Epic	Épique
Historical	Historique
Humorous	Humoristique
Inventive	Inventif
Literary	Littéraire
Narrator	Narrateur
Novel	Roman
Page	Page
Poem	Poème
Poetry	Poésie
Reader	Lecteur
Relevant	Pertinent
Story	Histoire
Tragic	Tragique
Written	Écrit

Boxing
Boxe

Bell	Cloche
Body	Corps
Chin	Menton
Corner	Coin
Elbow	Coude
Exhausted	Épuisé
Fighter	Combattant
Fist	Poing
Focus	Concentrer
Gloves	Gants
Injuries	Blessures
Kick	Coup
Opponent	Adversaire
Points	Points
Quick	Rapide
Recovery	Récupération
Referee	Arbitre
Ropes	Cordes
Skill	Compétence
Strength	Force

Buildings
Bâtiments

Apartment	Appartement
Barn	Grange
Cabin	Cabine
Castle	Château
Cinema	Cinéma
Embassy	Ambassade
Factory	Usine
Farm	Ferme
Hospital	Hôpital
Hotel	Hôtel
Laboratory	Laboratoire
Museum	Musée
Observatory	Observatoire
School	École
Stadium	Stade
Supermarket	Supermarché
Tent	Tente
Theater	Théâtre
Tower	Tour
University	Université

Business
Entreprise

Budget	Budget
Career	Carrière
Company	Entreprise
Cost	Coût
Currency	Devise
Discount	Réduction
Economics	Économie
Employee	Employé
Employer	Employeur
Factory	Usine
Finance	Finance
Income	Revenu
Manager	Gérant
Merchandise	Marchandise
Money	Argent
Office	Bureau
Profit	Profit
Sale	Vente
Shop	Boutique
Taxes	Impôts

Camping
Camping

Adventure	Aventure
Animals	Animaux
Cabin	Cabine
Canoe	Canoë
Compass	Boussole
Fire	Feu
Forest	Forêt
Fun	Amusement
Hammock	Hamac
Hat	Chapeau
Hunting	Chasse
Insect	Insecte
Lake	Lac
Map	Carte
Moon	Lune
Mountain	Montagne
Nature	Nature
Rope	Corde
Tent	Tente
Trees	Arbres

Chemistry
Chimie

Acid	Acide
Alkaline	Alcalin
Atomic	Atomique
Carbon	Carbone
Catalyst	Catalyseur
Chlorine	Chlore
Electron	Électron
Enzyme	Enzyme
Gas	Gaz
Heat	Chaleur
Hydrogen	Hydrogène
Ion	Ion
Liquid	Liquide
Molecule	Molécule
Nuclear	Nucléaire
Organic	Organique
Oxygen	Oxygène
Salt	Sel
Temperature	Température
Weight	Poids

Chess
Échecs

Black	Noir
Challenges	Défis
Champion	Champion
Clever	Intelligent
Contest	Concours
Diagonal	Diagonal
Game	Jeu
King	Roi
Opponent	Adversaire
Passive	Passif
Player	Joueur
Points	Points
Queen	Reine
Rules	Règles
Sacrifice	Sacrifice
Strategy	Stratégie
Time	Temps
To Learn	Apprendre
Tournament	Tournoi
White	Blanc

Chocolate
Chocolat

Antioxidant	Antioxydant
Aroma	Arôme
Artisanal	Artisanal
Bitter	Amer
Cacao	Cacao
Calories	Calories
Candy	Bonbon
Caramel	Caramel
Coconut	Noix de Coco
Delicious	Délicieux
Exotic	Exotique
Favorite	Favori
Flavor	Saveur
Ingredient	Ingrédient
Peanuts	Cacahuètes
Quality	Qualité
Recipe	Recette
Sugar	Sucre
Sweet	Doux
Taste	Goût

Clothes
Vêtements

Apron	Tablier
Belt	Ceinture
Blouse	Chemisier
Bracelet	Bracelet
Coat	Manteau
Dress	Robe
Fashion	Mode
Gloves	Gants
Hat	Chapeau
Jacket	Veste
Jeans	Jeans
Jewelry	Bijoux
Pajamas	Pyjama
Pants	Pantalon
Sandals	Sandales
Scarf	Foulard
Shirt	Chemise
Shoe	Chaussure
Skirt	Jupe
Sweater	Pull

Coffee
Café

Acidic	Acide
Aroma	Arôme
Beverage	Boisson
Bitter	Amer
Black	Noir
Caffeine	Caféine
Cream	Crème
Cup	Tasse
Filter	Filtre
Flavor	Saveur
Grind	Moudre
Liquid	Liquide
Milk	Lait
Morning	Matin
Origin	Origine
Price	Prix
Roasted	Rôti
Sugar	Sucre
To Drink	Boire
Water	Eau

Countries #1
Pays #1

Brazil	Brésil
Canada	Canada
Egypt	Egypte
Finland	Finlande
Germany	Allemagne
Iraq	Irak
Israel	Israël
Italy	Italie
Latvia	Lettonie
Libya	Libye
Morocco	Maroc
Nicaragua	Nicaragua
Norway	Norvège
Panama	Panama
Poland	Pologne
Romania	Roumanie
Senegal	Sénégal
Spain	Espagne
Venezuela	Venezuela
Vietnam	Vietnam

Countries #2
Pays #2

Albania	Albanie
Denmark	Danemark
Ethiopia	Ethiopie
Greece	Grèce
Haiti	Haïti
Jamaica	Jamaïque
Japan	Japon
Laos	Laos
Lebanon	Liban
Liberia	Libéria
Mexico	Mexique
Nepal	Népal
Nigeria	Nigeria
Pakistan	Pakistan
Russia	Russie
Somalia	Somalie
Sudan	Soudan
Syria	Syrie
Uganda	Ouganda
Ukraine	Ukraine

Creativity
Créativité

Artistic	Artistique
Authenticity	Authenticité
Clarity	Clarté
Dramatic	Dramatique
Emotions	Émotions
Expression	Expression
Fluidity	Fluidité
Ideas	Idées
Image	Image
Imagination	Imagination
Impression	Impression
Inspiration	Inspiration
Intensity	Intensité
Intuition	Intuition
Inventive	Inventif
Sensation	Sensation
Skill	Compétence
Spontaneous	Spontané
Visions	Visions
Vitality	Vitalité

Dance
Danse

Academy	Académie
Art	Art
Body	Corps
Choreography	Chorégraphie
Classical	Classique
Cultural	Culturel
Culture	Culture
Emotion	Émotion
Expressive	Expressif
Grace	Grâce
Joyful	Joyeux
Jump	Saut
Movement	Mouvement
Music	Musique
Partner	Partenaire
Posture	Posture
Rehearsal	Répétition
Rhythm	Rythme
Traditional	Traditionnel
Visual	Visuel

Days and Months
Jours et Mois

April	Avril
August	Août
Calendar	Calendrier
February	Février
Friday	Vendredi
January	Janvier
July	Juillet
March	Mars
Monday	Lundi
Month	Mois
November	Novembre
October	Octobre
Saturday	Samedi
September	Septembre
Sunday	Dimanche
Thursday	Jeudi
Tuesday	Mardi
Wednesday	Mercredi
Week	Semaine
Year	Année

Diplomacy
Diplomatie

Adviser	Conseiller
Ambassador	Ambassadeur
Citizens	Citoyens
Civic	Civique
Community	Communauté
Conflict	Conflit
Cooperation	Coopération
Diplomatic	Diplomatique
Discussion	Discussion
Embassy	Ambassade
Ethics	Éthique
Government	Gouvernement
Humanitarian	Humanitaire
Integrity	Intégrité
Justice	Justice
Politics	Politique
Resolution	Résolution
Security	Sécurité
Solution	Solution
Treaty	Traité

Disease
Maladie

Abdominal	Abdominal
Allergies	Allergies
Bacterial	Bactérien
Body	Corps
Bones	Os
Chronic	Chronique
Contagious	Contagieux
Genetic	Génétique
Health	Santé
Heart	Cœur
Hereditary	Héréditaire
Immunity	Immunité
Inflammation	Inflammation
Lumbar	Lombaire
Neuropathy	Neuropathie
Pathogens	Pathogènes
Respiratory	Respiratoire
Syndrome	Syndrome
Therapy	Thérapie
Weak	Faible

Driving
Conduite

Accident	Accident
Brakes	Freins
Car	Voiture
Danger	Danger
Driver	Conducteur
Fuel	Carburant
Garage	Garage
Gas	Gaz
License	Licence
Map	Carte
Motor	Moteur
Motorcycle	Moto
Pedestrian	Piéton
Police	Police
Road	Route
Safety	Sécurité
Speed	Vitesse
Traffic	Trafic
Truck	Camion
Tunnel	Tunnel

Ecology
Écologie

Climate	Climat
Communities	Communautés
Diversity	Diversité
Drought	Sécheresse
Fauna	Faune
Flora	Flore
Global	Global
Habitat	Habitat
Marine	Marin
Marsh	Marais
Mountains	Montagnes
Natural	Naturel
Nature	Nature
Plants	Plantes
Resources	Ressources
Species	Espèce
Survival	Survie
Sustainable	Durable
Vegetation	Végétation
Volunteers	Bénévoles

Electricity
Électricité

Battery	Batterie
Bulb	Ampoule
Cable	Câble
Electric	Électrique
Electrician	Électricien
Equipment	Équipement
Generator	Générateur
Lamp	Lampe
Laser	Laser
Magnet	Aimant
Negative	Négatif
Network	Réseau
Objects	Objets
Positive	Positif
Quantity	Quantité
Socket	Prise
Storage	Stockage
Telephone	Téléphone
Television	Télévision
Wires	Fils

Emotions
Émotions

Anger	Colère
Boredom	Ennui
Calm	Calme
Content	Contenu
Embarrassed	Embarrassé
Excited	Excité
Fear	Peur
Grateful	Reconnaissant
Joy	Joie
Kindness	Gentillesse
Love	Amour
Peace	Paix
Relaxed	Détendu
Relief	Relief
Sadness	Tristesse
Satisfied	Satisfait
Surprise	Surprise
Sympathy	Sympathie
Tenderness	Tendresse
Tranquility	Tranquillité

Energy
Énergie

Battery	Batterie
Carbon	Carbone
Diesel	Diesel
Electric	Électrique
Electron	Électron
Entropy	Entropie
Environment	Environnement
Fuel	Carburant
Gasoline	Essence
Heat	Chaleur
Hydrogen	Hydrogène
Industry	Industrie
Motor	Moteur
Nuclear	Nucléaire
Photon	Photon
Pollution	Pollution
Renewable	Renouvelable
Steam	Vapeur
Turbine	Turbine
Wind	Vent

Engineering
Ingénierie

Angle	Angle
Axis	Axe
Calculation	Calcul
Construction	Construction
Depth	Profondeur
Diagram	Diagramme
Diameter	Diamètre
Diesel	Diesel
Distribution	Distribution
Energy	Énergie
Gears	Engrenages
Levers	Leviers
Liquid	Liquide
Machine	Machine
Measurement	Mesure
Motor	Moteur
Propulsion	Propulsion
Stability	Stabilité
Strength	Force
Structure	Structure

Ethics
Éthique

Altruism	Altruisme
Benevolent	Bienveillant
Compassion	Compassion
Cooperation	Coopération
Dignity	Dignité
Diplomatic	Diplomatique
Honesty	Honnêteté
Humanity	Humanité
Integrity	Intégrité
Kindness	Gentillesse
Optimism	Optimisme
Patience	Patience
Philosophy	Philosophie
Rationality	Rationalité
Realism	Réalisme
Reasonable	Raisonnable
Respectful	Respectueux
Tolerance	Tolérance
Values	Valeurs
Wisdom	Sagesse

Family
Famille

Ancestor	Ancêtre
Aunt	Tante
Brother	Frère
Child	Enfant
Childhood	Enfance
Children	Enfants
Cousin	Cousin
Daughter	Fille
Grandchild	Petit-Enfant
Grandfather	Grand-Père
Grandson	Petit-Fils
Husband	Mari
Maternal	Maternel
Mother	Mère
Nephew	Neveu
Niece	Nièce
Paternal	Paternel
Sister	Soeur
Uncle	Oncle
Wife	Femme

Farm #1
Ferme #1

Agriculture	Agriculture
Bee	Abeille
Bison	Bison
Calf	Veau
Cat	Chat
Chicken	Poulet
Cow	Vache
Crow	Corbeau
Dog	Chien
Donkey	Âne
Fence	Clôture
Fertilizer	Engrais
Field	Champ
Goat	Chèvre
Hay	Foin
Honey	Miel
Horse	Cheval
Rice	Riz
Seeds	Graines
Water	Eau

Farm #2
Ferme #2

Animals	Animaux
Barley	Orge
Barn	Grange
Corn	Maïs
Duck	Canard
Farmer	Agriculteur
Food	Nourriture
Fruit	Fruit
Irrigation	Irrigation
Lamb	Agneau
Llama	Lama
Meadow	Pré
Milk	Lait
Orchard	Verger
Sheep	Mouton
Shepherd	Berger
Tractor	Tracteur
Vegetable	Légume
Wheat	Blé
Windmill	Moulin à Vent

Fashion
Mode

Affordable	Abordable
Boutique	Boutique
Buttons	Boutons
Clothing	Vêtements
Comfortable	Confortable
Elegant	Élégant
Embroidery	Broderie
Expensive	Cher
Fabric	Tissu
Lace	Dentelle
Measurements	Mesures
Minimalist	Minimaliste
Modern	Moderne
Modest	Modeste
Original	Original
Pattern	Modèle
Practical	Pratique
Style	Style
Texture	Texture
Trend	Tendance

Flowers
Fleurs

Bouquet	Bouquet
Clover	Trèfle
Daffodil	Jonquille
Daisy	Marguerite
Dandelion	Pissenlit
Gardenia	Gardénia
Hibiscus	Hibiscus
Jasmine	Jasmin
Lavender	Lavande
Lilac	Lilas
Lily	Lys
Magnolia	Magnolia
Orchid	Orchidée
Passionflower	Passiflore
Peony	Pivoine
Petal	Pétale
Plumeria	Plumeria
Poppy	Pavot
Sunflower	Tournesol
Tulip	Tulipe

Food #1
Nourriture #1

Apricot	Abricot
Barley	Orge
Basil	Basilic
Carrot	Carotte
Cinnamon	Cannelle
Garlic	Ail
Juice	Jus
Lemon	Citron
Milk	Lait
Onion	Oignon
Peanut	Arachide
Pear	Poire
Salad	Salade
Salt	Sel
Soup	Soupe
Spinach	Épinard
Strawberry	Fraise
Sugar	Sucre
Tuna	Thon
Turnip	Navet

Food #2
Nourriture #2

Apple	Pomme
Artichoke	Artichaut
Banana	Banane
Broccoli	Brocoli
Celery	Céleri
Cheese	Fromage
Cherry	Cerise
Chicken	Poulet
Chocolate	Chocolat
Egg	Oeuf
Eggplant	Aubergine
Fish	Poisson
Grape	Raisin
Ham	Jambon
Kiwi	Kiwi
Mushroom	Champignon
Rice	Riz
Tomato	Tomate
Wheat	Blé
Yogurt	Yaourt

Force and Gravity
Force et Gravité

Axis	Axe
Center	Centre
Discovery	Découverte
Distance	Distance
Dynamic	Dynamique
Expansion	Expansion
Friction	Friction
Impact	Impact
Magnetism	Magnétisme
Magnitude	Magnitude
Mechanics	Mécanique
Orbit	Orbite
Physics	Physique
Pressure	Pression
Properties	Propriétés
Speed	Vitesse
Time	Temps
To Accelerate	Accélérer
Universal	Universel
Weight	Poids

Fruit
Fruit

Apple	Pomme
Apricot	Abricot
Avocado	Avocat
Banana	Banane
Berry	Baie
Cherry	Cerise
Coconut	Noix de Coco
Fig	Figue
Grape	Raisin
Guava	Goyave
Kiwi	Kiwi
Lemon	Citron
Mango	Mangue
Melon	Melon
Nectarine	Nectarine
Papaya	Papaye
Peach	Pêche
Pear	Poire
Pineapple	Ananas
Raspberry	Framboise

Garden
Jardin

Bench	Banc
Bush	Buisson
Fence	Clôture
Flower	Fleur
Garage	Garage
Garden	Jardin
Grass	Herbe
Hammock	Hamac
Hose	Tuyau
Lawn	Pelouse
Orchard	Verger
Pond	Étang
Porch	Porche
Rake	Râteau
Rocks	Roches
Shovel	Pelle
Terrace	Terrasse
Trampoline	Trampoline
Tree	Arbre
Vine	Vigne

Gardening
Jardinage

Blossom	Fleur
Botanical	Botanique
Bouquet	Bouquet
Climate	Climat
Compost	Compost
Container	Récipient
Dirt	Saleté
Edible	Comestible
Exotic	Exotique
Floral	Floral
Foliage	Feuillage
Hose	Tuyau
Leaf	Feuille
Moisture	Humidité
Orchard	Verger
Seasonal	Saisonnier
Seeds	Graines
Soil	Sol
Species	Espèce
Water	Eau

Geography
Géographie

Altitude	Altitude
Atlas	Atlas
City	Ville
Continent	Continent
Country	Pays
Hemisphere	Hémisphère
Island	Île
Latitude	Latitude
Map	Carte
Meridian	Méridien
Mountain	Montagne
North	Nord
Ocean	Océan
Region	Région
River	Fleuve
Sea	Mer
South	Sud
Territory	Territoire
West	Ouest
World	Monde

Geology
Géologie

Acid	Acide
Calcium	Calcium
Cavern	Caverne
Continent	Continent
Coral	Corail
Crystals	Cristaux
Cycles	Cycles
Erosion	Érosion
Fossil	Fossile
Geyser	Geyser
Lava	Lave
Layer	Couche
Minerals	Minéraux
Molten	Fondu
Plateau	Plateau
Quartz	Quartz
Salt	Sel
Stalactite	Stalactite
Stone	Pierre
Volcano	Volcan

Geometry
Géométrie

Angle	Angle
Calculation	Calcul
Circle	Cercle
Curve	Courbe
Diameter	Diamètre
Dimension	Dimension
Equation	Équation
Height	Hauteur
Horizontal	Horizontal
Logic	Logique
Mass	Masse
Median	Médian
Number	Nombre
Parallel	Parallèle
Proportion	Proportion
Segment	Segment
Surface	Surface
Symmetry	Symétrie
Theory	Théorie
Triangle	Triangle

Global Warming
Réchauffement Climatique

Arctic	Arctique
Attention	Attention
Climate	Climat
Crisis	Crise
Data	Données
Development	Développement
Energy	Énergie
Future	Futur
Gas	Gaz
Generations	Générations
Government	Gouvernement
Habitats	Habitats
Industry	Industrie
International	International
Legislation	Législation
Now	Maintenant
Populations	Populations
Scientist	Scientifique
Temperatures	Températures
To Reduce	Réduire

Government
Gouvernement

Citizenship	Citoyenneté
Civil	Civil
Constitution	Constitution
Democracy	Démocratie
Discussion	Discussion
Dissent	Contestation
Equality	Égalité
Independence	Indépendance
Judicial	Judiciaire
Justice	Justice
Law	Loi
Leader	Leader
Liberty	Liberté
Monument	Monument
Nation	Nation
Peaceful	Paisible
Politics	Politique
Speech	Discours
State	État
Symbol	Symbole

Hair Types
Types de Cheveux

Bald	Chauve
Black	Noir
Blond	Blond
Braided	Tressé
Braids	Tresses
Brown	Marron
Colored	Coloré
Curls	Boucles
Curly	Frisé
Dry	Sec
Gray	Gris
Healthy	Sain
Long	Long
Shiny	Brillant
Short	Court
Soft	Doux
Thick	Épais
Thin	Mince
Wavy	Ondulé
White	Blanc

Health and Wellness #1
Santé et Bien-Être #1

Active	Actif
Bacteria	Bactéries
Bones	Os
Clinic	Clinique
Doctor	Médecin
Fracture	Fracture
Habit	Habitude
Height	Hauteur
Hormones	Hormone
Hunger	Faim
Muscles	Muscles
Nerves	Nerfs
Pharmacy	Pharmacie
Reflex	Réflexe
Relaxation	Relaxation
Skin	Peau
Therapy	Thérapie
To Breathe	Respirer
Treatment	Traitement
Virus	Virus

Health and Wellness #2
Santé et Bien-Être #2

Allergy	Allergie
Anatomy	Anatomie
Appetite	Appétit
Blood	Sang
Calorie	Calorie
Diet	Diète
Disease	Maladie
Energy	Énergie
Genetics	Génétique
Healthy	Sain
Hospital	Hôpital
Hygiene	Hygiène
Infection	Infection
Massage	Massage
Mood	Humeur
Nutrition	Nutrition
Recovery	Récupération
Stress	Stress
Vitamin	Vitamine
Weight	Poids

Herbalism
Herboristerie

Aromatic	Aromatique
Basil	Basilic
Beneficial	Bénéfique
Culinary	Culinaire
Fennel	Fenouil
Flavor	Saveur
Flower	Fleur
Garden	Jardin
Garlic	Ail
Green	Vert
Ingredient	Ingrédient
Lavender	Lavande
Marjoram	Marjolaine
Mint	Menthe
Oregano	Origan
Parsley	Persil
Plant	Plante
Rosemary	Romarin
Saffron	Safran
Tarragon	Estragon

Hiking
Randonnée

Animals	Animaux
Boots	Bottes
Camping	Camping
Cliff	Falaise
Climate	Climat
Guides	Guides
Hazards	Dangers
Heavy	Lourd
Map	Carte
Mountain	Montagne
Nature	Nature
Orientation	Orientation
Parks	Parcs
Preparation	Préparation
Stones	Pierres
Summit	Sommet
Sun	Soleil
Tired	Fatigué
Water	Eau
Wild	Sauvage

House
Maison

Attic	Grenier
Broom	Balai
Curtains	Rideaux
Door	Porte
Fence	Clôture
Fireplace	Cheminée
Floor	Sol
Furniture	Meubles
Garage	Garage
Garden	Jardin
Keys	Clés
Kitchen	Cuisine
Lamp	Lampe
Library	Bibliothèque
Mirror	Miroir
Roof	Toit
Room	Chambre
Shower	Douche
Wall	Mur
Window	Fenêtre

Human Body
Corps Humain

Ankle	Cheville
Blood	Sang
Bones	Os
Brain	Cerveau
Chin	Menton
Ear	Oreille
Elbow	Coude
Face	Visage
Finger	Doigt
Hand	Main
Head	Tête
Heart	Cœur
Jaw	Mâchoire
Knee	Genou
Leg	Jambe
Mouth	Bouche
Neck	Cou
Nose	Nez
Shoulder	Épaule
Skin	Peau

Insects
Insectes

Ant	Fourmi
Aphid	Puceron
Bee	Abeille
Beetle	Scarabée
Butterfly	Papillon
Cicada	Cigale
Cockroach	Cafard
Dragonfly	Libellule
Flea	Puce
Gnat	Moucheron
Grasshopper	Sauterelle
Hornet	Frelon
Ladybug	Coccinelle
Larva	Larve
Locust	Criquet
Mantis	Mante
Mosquito	Moustique
Termite	Termite
Wasp	Guêpe
Worm	Ver

Jazz
Jazz

Album	Album
Artist	Artiste
Composer	Compositeur
Composition	Composition
Concert	Concert
Drums	Tambours
Emphasis	Accent
Famous	Célèbre
Favorites	Favoris
Genre	Genre
Improvisation	Improvisation
Music	Musique
New	Nouveau
Old	Vieux
Orchestra	Orchestre
Rhythm	Rythme
Song	Chanson
Style	Style
Talent	Talent
Technique	Technique

Kitchen
Cuisine

Apron	Tablier
Bowl	Bol
Chopsticks	Baguettes
Cups	Tasses
Food	Nourriture
Forks	Fourchettes
Freezer	Congélateur
Grill	Gril
Jar	Pot
Jug	Cruche
Kettle	Bouilloire
Knives	Couteaux
Ladle	Louche
Napkin	Serviette
Oven	Four
Recipe	Recette
Refrigerator	Réfrigérateur
Spices	Épices
Sponge	Éponge
Spoons	Cuillères

Landscapes
Paysages

Beach	Plage
Cave	Grotte
Desert	Désert
Geyser	Geyser
Glacier	Glacier
Hill	Colline
Iceberg	Iceberg
Island	Île
Lake	Lac
Mountain	Montagne
Oasis	Oasis
Ocean	Océan
Peninsula	Péninsule
River	Fleuve
Sea	Mer
Swamp	Marais
Tundra	Toundra
Valley	Vallée
Volcano	Volcan
Waterfall	Cascade

Literature
Littérature

Analogy	Analogie
Analysis	Analyse
Anecdote	Anecdote
Author	Auteur
Biography	Biographie
Comparison	Comparaison
Conclusion	Conclusion
Description	Description
Dialogue	Dialogue
Fiction	Fiction
Metaphor	Métaphore
Narrator	Narrateur
Novel	Roman
Poem	Poème
Poetic	Poétique
Rhyme	Rime
Rhythm	Rythme
Style	Style
Theme	Thème
Tragedy	Tragédie

Mammals
Mammifères

Bear	Ours
Beaver	Castor
Bull	Taureau
Cat	Chat
Coyote	Coyote
Dog	Chien
Dolphin	Dauphin
Elephant	Éléphant
Fox	Renard
Giraffe	Girafe
Gorilla	Gorille
Horse	Cheval
Kangaroo	Kangourou
Lion	Lion
Monkey	Singe
Rabbit	Lapin
Sheep	Mouton
Whale	Baleine
Wolf	Loup
Zebra	Zèbre

Math
Mathématiques

Angles	Angles
Arithmetic	Arithmétique
Circumference	Circonférence
Decimal	Décimal
Diameter	Diamètre
Division	Division
Equation	Équation
Exponent	Exposant
Fraction	Fraction
Geometry	Géométrie
Numbers	Nombres
Parallel	Parallèle
Perimeter	Périmètre
Polygon	Polygone
Radius	Rayon
Rectangle	Rectangle
Square	Carré
Symmetry	Symétrie
Triangle	Triangle
Volume	Volume

Measurements
Mesures

Byte	Octet
Centimeter	Centimètre
Decimal	Décimal
Degree	Degré
Depth	Profondeur
Gram	Gramme
Height	Hauteur
Inch	Pouce
Kilogram	Kilogramme
Kilometer	Kilomètre
Length	Longueur
Liter	Litre
Mass	Masse
Meter	Mètre
Minute	Minute
Ounce	Once
Ton	Tonne
Volume	Volume
Weight	Poids
Width	Largeur

Meditation
Méditation

Acceptance	Acceptation
Awake	Éveillé
Breathing	Respiration
Calm	Calme
Clarity	Clarté
Compassion	Compassion
Emotions	Émotions
Gratitude	Gratitude
Habits	Habitudes
Kindness	Gentillesse
Mental	Mental
Mind	Esprit
Movement	Mouvement
Music	Musique
Nature	Nature
Peace	Paix
Perspective	Perspective
Silence	Silence
Thoughts	Pensées
To Learn	Apprendre

Music
Musique

Album	Album
Ballad	Ballade
Chorus	Chœur
Classical	Classique
Eclectic	Éclectique
Harmonic	Harmonique
Harmony	Harmonie
Instrument	Instrument
Lyrical	Lyrique
Melody	Mélodie
Microphone	Microphone
Musical	Musical
Musician	Musicien
Opera	Opéra
Poetic	Poétique
Rhythm	Rythme
Rhythmic	Rythmique
Sing	Chanter
Singer	Chanteur
Vocal	Vocal

Musical Instruments
Instruments de Musique

Banjo	Banjo
Bassoon	Basson
Cello	Violoncelle
Chimes	Carillons
Clarinet	Clarinette
Drum	Tambour
Flute	Flûte
Gong	Gong
Guitar	Guitare
Harp	Harpe
Mandolin	Mandoline
Marimba	Marimba
Oboe	Hautbois
Percussion	Percussion
Piano	Piano
Saxophone	Saxophone
Tambourine	Tambourin
Trombone	Trombone
Trumpet	Trompette
Violin	Violon

Mythology
Mythologie

Archetype	Archétype
Behavior	Comportement
Beliefs	Croyances
Creation	Création
Creature	Créature
Culture	Culture
Deities	Divinités
Disaster	Catastrophe
Heaven	Ciel
Hero	Héros
Immortality	Immortalité
Jealousy	Jalousie
Labyrinth	Labyrinthe
Legend	Légende
Lightning	Éclair
Monster	Monstre
Mortal	Mortel
Revenge	Vengeance
Thunder	Tonnerre
Warrior	Guerrier

Nature
Nature

Animals	Animaux
Arctic	Arctique
Beauty	Beauté
Bees	Abeilles
Cliffs	Falaises
Clouds	Nuage
Desert	Désert
Dynamic	Dynamique
Erosion	Érosion
Fog	Brouillard
Foliage	Feuillage
Forest	Forêt
Glacier	Glacier
Peaceful	Paisible
River	Fleuve
Sanctuary	Sanctuaire
Serene	Serein
Tropical	Tropical
Vital	Vital
Wild	Sauvage

Numbers
Nombres

Decimal	Décimal
Eight	Huit
Eighteen	Dix-Huit
Fifteen	Quinze
Five	Cinq
Four	Quatre
Fourteen	Quatorze
Nine	Neuf
Nineteen	Dix-Neuf
One	Un
Seven	Sept
Seventeen	Dix-Sept
Six	Six
Sixteen	Seize
Ten	Dix
Thirteen	Treize
Three	Trois
Twelve	Douze
Twenty	Vingt
Two	Deux

Nutrition
Nutrition

Appetite	Appétit
Balanced	Équilibré
Bitter	Amer
Calories	Calories
Carbohydrates	Glucides
Diet	Diète
Digestion	Digestion
Edible	Comestible
Fermentation	Fermentation
Flavor	Saveur
Habits	Habitudes
Health	Santé
Healthy	Sain
Nutrient	Nutritif
Proteins	Protéines
Quality	Qualité
Sauce	Sauce
Toxin	Toxine
Vitamin	Vitamine
Weight	Poids

Ocean
Océan

Coral	Corail
Crab	Crabe
Dolphin	Dauphin
Eel	Anguille
Fish	Poisson
Jellyfish	Méduse
Octopus	Poulpe
Oyster	Huître
Reef	Récif
Salt	Sel
Seaweed	Algue
Shark	Requin
Shrimp	Crevette
Sponge	Éponge
Storm	Tempête
Tides	Marées
Tuna	Thon
Turtle	Tortue
Waves	Vagues
Whale	Baleine

Philanthropy
Philanthropie

Challenges	Défis
Charity	Charité
Children	Enfants
Community	Communauté
Contacts	Contacts
Finance	Finance
Funds	Fonds
Generosity	Générosité
Global	Global
Goals	Buts
Groups	Groupes
History	Histoire
Honesty	Honnêteté
Humanity	Humanité
Mission	Mission
Need	Besoin
People	Gens
Programs	Programmes
Public	Public
Youth	Jeunesse

Photography
Photographie

Black	Noir
Camera	Caméra
Color	Couleur
Composition	Composition
Contrast	Contraste
Darkness	Obscurité
Definition	Définition
Exhibition	Exposition
Format	Format
Frame	Cadre
Lighting	Éclairage
Object	Objet
Perspective	Perspective
Portrait	Portrait
Shadows	Ombre
Soften	Adoucir
Subject	Sujet
Texture	Texture
View	Vue
Visual	Visuel

Physics
Physique

Acceleration	Accélération
Atom	Atome
Chaos	Chaos
Chemical	Chimique
Density	Densité
Electron	Électron
Engine	Moteur
Expansion	Expansion
Formula	Formule
Frequency	Fréquence
Gas	Gaz
Magnetism	Magnétisme
Mass	Masse
Mechanics	Mécanique
Molecule	Molécule
Nuclear	Nucléaire
Particle	Particule
Relativity	Relativité
Speed	Vitesse
Universal	Universel

Plants
Plantes

Bamboo	Bambou
Bean	Haricot
Berry	Baie
Botany	Botanique
Bush	Buisson
Cactus	Cactus
Fertilizer	Engrais
Flora	Flore
Flower	Fleur
Foliage	Feuillage
Forest	Forêt
Garden	Jardin
Grass	Herbe
Ivy	Lierre
Moss	Mousse
Petal	Pétale
Root	Racine
Stem	Tige
Tree	Arbre
Vegetation	Végétation

Professions #1
Professions #1

Ambassador	Ambassadeur
Astronomer	Astronome
Attorney	Avocat
Banker	Banquier
Cartographer	Cartographe
Coach	Entraîneur
Dancer	Danseur
Doctor	Médecin
Editor	Éditeur
Geologist	Géologue
Hunter	Chasseur
Jeweler	Bijoutier
Musician	Musicien
Nurse	Infirmière
Pianist	Pianiste
Plumber	Plombier
Psychologist	Psychologue
Sailor	Marin
Tailor	Tailleur
Veterinarian	Vétérinaire

Professions #2
Professions #2

Astronaut	Astronaute
Biologist	Biologiste
Dentist	Dentiste
Detective	Détective
Engineer	Ingénieur
Farmer	Agriculteur
Gardener	Jardinier
Illustrator	Illustrateur
Inventor	Inventeur
Journalist	Journaliste
Linguist	Linguiste
Painter	Peintre
Philosopher	Philosophe
Photographer	Photographe
Physician	Médecin
Pilot	Pilote
Researcher	Chercheur
Surgeon	Chirurgien
Teacher	Enseignant
Zoologist	Zoologiste

Psychology
Psychologie

Appointment	Rendez-Vous
Assessment	Évaluation
Behavior	Comportement
Childhood	Enfance
Clinical	Clinique
Cognition	Cognition
Conflict	Conflit
Dreams	Rêves
Ego	Ego
Emotions	Émotions
Ideas	Idées
Perception	Perception
Personality	Personnalité
Problem	Problème
Reality	Réalité
Sensation	Sensation
Subconscious	Subconscient
Therapy	Thérapie
Thoughts	Pensées
Unconscious	Inconscient

Rainforest
Forêt Tropicale

Amphibians	Amphibiens
Birds	Oiseaux
Botanical	Botanique
Climate	Climat
Clouds	Nuage
Community	Communauté
Diversity	Diversité
Indigenous	Indigène
Insects	Insectes
Jungle	Jungle
Mammals	Mammifères
Moss	Mousse
Nature	Nature
Preservation	Préservation
Refuge	Refuge
Respect	Respect
Restoration	Restauration
Species	Espèce
Survival	Survie
Valuable	Précieux

Restaurant #2
Restaurant #2

Beverage	Boisson
Cake	Gâteau
Chair	Chaise
Delicious	Délicieux
Dinner	Dîner
Eggs	Oeuf
Fish	Poisson
Fork	Fourchette
Fruit	Fruit
Ice	Glace
Lunch	Déjeuner
Noodles	Nouilles
Salad	Salade
Salt	Sel
Soup	Soupe
Spices	Épices
Spoon	Cuillère
Vegetables	Légumes
Waiter	Serveur
Water	Eau

Science
Science

Atom	Atome
Chemical	Chimique
Climate	Climat
Data	Données
Evolution	Évolution
Experiment	Expérience
Fact	Fait
Fossil	Fossile
Gravity	Gravité
Hypothesis	Hypothèse
Laboratory	Laboratoire
Method	Méthode
Minerals	Minéraux
Molecules	Molécules
Nature	Nature
Organism	Organisme
Particles	Particules
Physics	Physique
Plants	Plantes
Scientist	Scientifique

Science Fiction
Science-Fiction

Atomic	Atomique
Books	Livres
Cinema	Cinéma
Clones	Clones
Dystopia	Dystopie
Explosion	Explosion
Extreme	Extrême
Fantastic	Fantastique
Fire	Feu
Futuristic	Futuriste
Galaxy	Galaxie
Illusion	Illusion
Imaginary	Imaginaire
Mysterious	Mystérieux
Oracle	Oracle
Planet	Planète
Robots	Robots
Technology	Technologie
Utopia	Utopie
World	Monde

Scientific Disciplines
Disciplines Scientifiques

Anatomy	Anatomie
Archaeology	Archéologie
Astronomy	Astronomie
Biochemistry	Biochimie
Biology	Biologie
Botany	Botanique
Chemistry	Chimie
Ecology	Écologie
Geology	Géologie
Immunology	Immunologie
Kinesiology	Kinésiologie
Linguistics	Linguistique
Mechanics	Mécanique
Meteorology	Météorologie
Mineralogy	Minéralogie
Neurology	Neurologie
Physiology	Physiologie
Psychology	Psychologie
Sociology	Sociologie
Zoology	Zoologie

Shapes
Formes

Arc	Arc
Circle	Cercle
Cone	Cône
Corner	Coin
Cube	Cube
Curve	Courbe
Cylinder	Cylindre
Edges	Bords
Ellipse	Ellipse
Hyperbola	Hyperbole
Line	Ligne
Oval	Ovale
Polygon	Polygone
Prism	Prisme
Pyramid	Pyramide
Rectangle	Rectangle
Side	Côté
Sphere	Sphère
Square	Carré
Triangle	Triangle

Spices
Épices

Anise	Anis
Bitter	Amer
Cardamom	Cardamome
Cinnamon	Cannelle
Clove	Girofle
Coriander	Coriandre
Cumin	Cumin
Curry	Curry
Fennel	Fenouil
Fenugreek	Fenugrec
Flavor	Saveur
Garlic	Ail
Ginger	Gingembre
Nutmeg	Muscade
Onion	Oignon
Paprika	Paprika
Saffron	Safran
Salt	Sel
Sweet	Doux
Vanilla	Vanille

Sport
Sport

Ability	Capacité
Athlete	Athlète
Body	Corps
Bones	Os
Coach	Entraîneur
Cycling	Cyclisme
Dancing	Danse
Diet	Diète
Endurance	Endurance
Health	Santé
Jogging	Jogging
Maximize	Maximiser
Metabolic	Métabolique
Muscles	Muscles
Nutrition	Nutrition
Program	Programme
Sports	Sports
Strength	Force
To Breathe	Respirer
To Swim	Nager

Technology
Technologie

Blog	Blog
Browser	Navigateur
Bytes	Octets
Camera	Caméra
Computer	Ordinateur
Cursor	Curseur
Data	Données
Digital	Numérique
Display	Affichage
File	Fichier
Font	Police
Internet	Internet
Message	Message
Research	Recherche
Screen	Écran
Security	Sécurité
Software	Logiciel
Statistics	Statistiques
Virtual	Virtuel
Virus	Virus

Congratulations

You made it!

We hope you enjoyed this book as much as we enjoyed making it. We do our best to make high quality games.
These puzzles are designed in a clever way for you to learn actively while having fun!

Did you love them?

A Simple Request

Our books exist thanks your reviews. Could you help us by leaving one now?

Here is a short link which will take you to your order review page:

BestBooksActivity.com/Review50

MONSTER CHALLENGE!

Challenge #1

Ready for Your Bonus Game? We use them all the time but they are not so easy to find. Here are **Synonyms**!

Note 5 words you discovered in each of the Puzzles noted below (#21, #36, #76) and try to find 2 synonyms for each word.

Note 5 Words from *Puzzle 21*

Words	Synonym 1	Synonym 2

Note 5 Words from *Puzzle 36*

Words	Synonym 1	Synonym 2

Note 5 Words from *Puzzle 76*

Words	Synonym 1	Synonym 2

Challenge #2

Now that you are warmed-up, note 5 words you discovered in each Puzzle noted below (#9, #17, #25) and try to find 2 antonyms for each word. How many lines can you do in 20 minutes?

Note 5 Words from **Puzzle 9**

Words	Antonym 1	Antonym 2

Note 5 Words from **Puzzle 17**

Words	Antonym 1	Antonym 2

Note 5 Words from **Puzzle 25**

Words	Antonym 1	Antonym 2

Challenge #3

Wonderful, this monster challenge is nothing to you!

Ready for the last one? Choose your 10 favorite words discovered in any of the Puzzles and note them below.

1.	6.
2.	7.
3.	8.
4.	9.
5.	10.

Now, using these words and within a maximum of six sentences, your challenge is to compose a text about a person, animal or place that you love!

Tip: You can use the last blank page of this book as a draft!

Your Writing:

Explore a Unique Store
Set Up **FOR YOU!**

MEGA DEALS

BestActivityBooks.com/**TheStore**

Designed for Entertainment!

Light Up Your Brain With Unique **Gift Ideas**.

Access **Surprising** And **Essential Supplies!**

CHECK OUT OUR MONTHLY SELECTION NOW!

- Expertly Crafted Products -

NOTEBOOK:

SEE YOU SOON!

Linguas Classics Team

BESTACTIVITYBOOKS.COM/FREEGAMES